"Webgezapped"

Selektion im TV und WWW

von

Martin Wysterski

Tectum Verlag
Marburg 2003

Wysterski, Martin:
"Webgezapped".
Selektion im TV und WWW.
/ von Martin Wysterski
- Marburg : Tectum Verlag, 2003
ISBN 978-3-8288-8475-5

© Tectum Verlag

Tectum Verlag
Marburg 2003

Inhalt

1	Einführung	13
2	Die Bedeutung des Internets im Kontext der Kommunikations- und Medienforschung	15
2.1	Neue Medien aus Sicht der Kommunikations- und Medienforschung	15
2.1.1	Diffusion und Neue Medien	16
2.1.2	Individual- oder Massenmedium?	20
2.1.3	Passiv, aktiv – interaktiv?	24
2.2	Internet – ein weltumspannendes Netz	27
3	Information overload – Selektion als Informationsmanagement	30
3.1	Historische Entwicklung der Medienwirkungsforschung	33
3.2	Verschiedene Phasen und Ebenen der Selektion	35
3.3	Verschiedene Arten der Selektion	39
3.4	Klassische Selektionstheorien und ihre Bedeutung für die Neuen Medien	40
4	Selektion im Internet als Problemstellung	45
4.1	Substitution und Komplementarität von Medien	45
4.2	Der aktive Rezipient	48
4.2.1	Selektionsentscheidungen in den Massenmedien	48
4.2.2	Das hyperaktive Publikum	51
4.3	Fernsehnutzung	53
4.3.1	Allgemeines Nutzungsverhalten	53
4.3.2	Zapping	55
4.4	Onlinenutzung	58
4.4.1	Allgemeines Nutzungsverhalten	58
4.4.2	Selektionshandlungen im WWW	59
4.5	Selektion im TV- und WWW – ein Vergleich	62
5	Konzeption und Design der Studie	64
5.1	Forschungsleitende Fragestellungen und Hypothesen	64
5.2	Untersuchungsdesign	66
5.2.1	Stichprobe	66
5.2.2	Aufbau des Fragebogens	67
5.3	Pretest und Erhebung	68

6	**Selektionshandlungen im WWW und TV – Ergebnisse der Befragung**	**69**
6.1	Rücklaufquote und allgemeine Stichprobenbeschreibung	69
6.2	Internetnutzung	71
6.2.1	Allgemeine Nutzung	71
6.2.2	Nutzung von Suchmaschinen	74
6.2.3	Nutzung von Browserfunktionen	75
6.3	Fernsehnutzung	78
6.3.1	Allgemeine Nutzung	78
6.3.2	Videotextnutzung	79
6.3.3	Typen von Fernsehnutzern	80
6.4	Typen von Fernsehnutzern und ihr Selektionsverhalten im WWW	87
6.4.1	Switcher	87
6.4.2	Zapper	89
6.4.3	Flipper	91
6.4.4	Hopper	92
6.4.5	Videotextnutzer	95
6.4.6	Überblick	96
7	**Zusammenfassung und Fazit**	**99**
8	**Literatur**	**103**
9	**Anhang**	**113**

Abbildungen

Abb. 2.1:	Elemente der Diffusion und das S-M-C-R-E-Kommunikationsmodell nach Rogers/Shoemaker	18
Abb. 2.2:	Klassifikation der Übernehmer nach der Adoption	19
Abb. 2.3:	Formen medialer Interaktion	25
Abb. 3.1:	Ebenen und Phasen der Medienselektion	36
Abb. 3.2:	Ebenen und Phasen der Selektion im WWW	38
Abb. 3.3:	Typologie von Wahlmechanismen zur Erklärung repetitiven Wahlverhaltens nach Sheth/Raju	39
Abb. 4.1:	Angaben zur Onlinenutzung im Tagesverlauf	47
Abb. 4.2:	Selektionsmöglichkeiten im Verlauf der Medienentwicklung	49
Abb. 4.3:	Selektionsschwelle im Verlauf der Medienentwicklung	50
Abb. 4.4:	Rezipientenaktivität und massenmediale Selektion	52
Abb. 4.5:	Fernsehnutzung nach Haushaltsgröße und Nutzungssituation	54
Abb. 4.6:	Taxonomie des selektiven Medienverhaltens nach Niemeyer/Czycholl	56
Abb. 6.1:	Verteilung der Fragebögen	69
Abb. 6.2:	Internetnutzung im Tagesverlauf	73
Abb. 6.3:	Gründe der Internetnutzung	74
Abb. 6.4:	Inhalte von eingestellten Startseiten	77
Abb. 6.5:	Fernsehnutzung im Tagesverlauf	79
Abb. 6.6:	7-stufige unipolare Likert-Skala zur Bewertung der Itembatterie	80
Abb. 6.7:	Aussagen zur Fernsehnutzung mit positiven Mittelwerten	81
Abb. 6.8:	Aussagen zur Fernsehnutzung mit negativen Mittelwerten	81
Abb. 6.9:	Struktogramme der einzelnen Faktoren	89

Tabellen

Tab. 6.1:	Technisches Interesse nach Geschlecht	70
Tab. 6.2:	Ort des Internetzugangs nach Bestand des Zugangs	72
Tab. 6.3:	Bekanntheit und Nutzung von Suchmaschinen nach Geschlecht	75
Tab. 6.4:	Verhaltensmotive bei der Fernsehnutzung – Ergebnisse einer Faktorenanalyse	82
Tab. 6.5:	Mittelwerte der Fernsehnutzergruppen auf den einzelnen Faktoren – Ergebnisse einer Clusteranalyse	86
Tab. 6.6:	Switchergruppen und die Nutzung von Suchmaschinen	87
Tab. 6.7:	Switchergruppen und die Nutzung von Bookmarks	88
Tab. 6.8:	Switchergruppen und die Webnutzung	88
Tab. 6.9:	Zappergruppen und die Webnutzung	90
Tab. 6.10:	Flippergruppen und die Webnutzung	91
Tab. 6.11:	Flippergruppen und ihre Gründe für die Webnutzung	92
Tab. 6.12:	Flippergruppen und die Nutzung von Browserfunktionen und Suchmaschinen	93
Tab. 6.13:	Hoppergruppen und die Webnutzung	94
Tab. 6.14:	Zusammenhänge Videotext- und WWW-Nutzung	95
Tab. 6.15:	Verhaltensübersicht der einzelnen Fernsehnutzergruppen	97

Tabellen im Anhang

Tab. A1:	Soziodemographische Grunddaten der Stichprobe	115
Tab. A2:	Mittelwertvergleich - Alter bzw. Hochschulsemester nach Geschlecht	116
Tab. A3:	Medienbesitz nach Geschlecht – Mehrfachnennung	116
Tab. A4:	Möglichkeit des Internetzugangs	117
Tab. A5:	Bestand des Internetzugangs	117
Tab. A6:	Motiv zur Internetnutzung nach Ort	117
Tab. A7:	Häufigkeit der Internetnutzung nach Ort	117
Tab. A8:	Anzahl bekannter Suchmaschinen nach Bestand des Internetzugangs	118
Tab. A9:	Anzahl genutzter Suchmaschinen nach Bestand des Internetzugangs	118
Tab. A10:	Genutzte Suchmaschinen vs. bekannte Suchmaschinen	118

Tab. A11:	Mittelwertvergleich - Internetnutzung nach Geschlecht	118
Tab. A12:	Gespeicherte Bookmarks nach Ort des Internetzugangs	119
Tab. A13:	Genutzte Bookmarks vs. gespeicherte Bookmarks	119
Tab. A14:	Gespeicherte Bookmarks nach Bestand des Internetzugangs	119
Tab. A15:	Startseite nach Ort des Internetzugangs	120
Tab. A16:	Startseite nach Bestand des Internetzugangs	120
Tab. A17:	Empfangsart Fernsehen nach Wohnort	120
Tab. A18:	Fernsehnutzung nach Empfangsart	121
Tab. A19:	Videotextnutzung nach Geschlecht	121
Tab. A20:	Videotextnutzung nach Fernsehnutzung werktags	122
Tab. A21:	Videotextnutzung nach Fernsehnutzung am Wochenende	122
Tab. A22:	Mittelwertvergleich - Abruf von Themen aus dem Videotext nach Geschlecht	122
Tab. A23:	Bewertung von Aussagen zur Fernsehnutzung - I	123
Tab. A23a:	Bewertung von Aussagen zur Fernsehnutzung - II	123
Tab. A23b:	Bewertung von Aussagen zur Fernsehnutzung - III	124
Tab. A24:	Mittelwertvergleich – Fernsehnutzungsdauer nach Switching-Typ	124
Tab. A25:	Mittelwertvergleich – Fernsehnutzungsdauer nach Flipping-Typ	124
Tab. A26:	Befragte Hochschulstandorte	125

1 Einführung

Die vorliegende Studie, die als Magisterarbeit am Institut für Publizistik- und Kommunikationswissenschaft der FU Berlin im Jahr 2000 erstellt wurde, befasst sich mit der Frage, inwieweit Rezipienten ihr Selektionsverhalten vom Medium Fernsehen auf das Medium WWW übertragen. Konkret wird dies anhand einer Befragung an verschiedenen Hochschulstandorten in Deutschland untersucht.

Mit dem Internet hat sich ein Medium entwickelt, das die Kommunikationsstrukturen in der Gesellschaft nachhaltig verändert hat und weiter verändern wird. Wie noch zu zeigen ist, handelt es sich dabei nicht um ein, sondern um viele Neue Medien. Eines dieser Medien ist das World Wide Web. Im WWW werden unzählig viele Informationen angeboten, aus denen sich der Nutzer diejenigen aussuchen kann, die ihn interessieren. Dazu ist es aber notwendig, dass er sich bestimmter Strategien oder Verhaltensmuster bedient, da es für ihn ansonsten unmöglich ist, gewünschte Informationen zu finden.

In dieser Studie wird deshalb das Selektionsverhalten der WWW-Nutzer untersucht und überprüft, inwiefern Selektionsstrategien vom Fernsehen auf das World Wide Web übertragen werden. Vor dem Hintergrund der Verschmelzung von Fernsehen und Internet, ist dies eine zentrale Fragestellung der zukünftigen Kommunikations- und Medienforschung. Eine Betrachtung aus medienzentrierter Sichtweise würde dabei allerdings zu Problemen führen, da es sich beim Fernsehen um ein zeitchronisches und beim World Wide Web um ein zeitstatisches Medium handelt. Während man also untätig vor dem TV-Gerät sitzen und dennoch immer neue Inhalte rezipieren kann, ist dies beim WWW nicht möglich.

Deshalb wird für den Vergleich ein *nutzerzentrierter* Ansatz gewählt, der untersucht, an welchen Stellen sich aus Sicht der Nutzer Parallelen in der Anwendung, der technischen Ausstattung oder der Nutzungsumgebung aufzeigen lassen. Ein weiteres methodisches Problem besteht darin, die befragten Personen in die verschiedenen Fernsehnutzertypen einzuteilen, um untersuchen zu können, wo es Unterschiede oder Gemeinsamkeiten in ihrem WWW-Selektionsverhalten gibt. Als schwierig stellt sich in diesem Zusammenhang heraus, dass es nur wenige Studien gibt, die sich mit einer Typisierung von Onlinenutzern, im Sinne der Typisierung von Fernsehnutzern, auseinandersetzen. Während also im Bereich der Fernsehforschung inzwischen ein Vielzahl von Arbeiten zum diesem Thema vorliegen, beschränkt sich die Auswahl in der Onlineforschung auf einige wenige Untersuchungen. Allerdings ist es nicht Gegenstand der vorliegenden Arbeit, die befragten Personen in verschiedene WWW-Nutzergruppen einzuteilen.

Bevor nun in Kapitel 5 genauer auf die Konzeption der Studie eingegangen wird, erfolgt in Kapitel 2 eine grundsätzliche Einordnung des Internets in den Kontext der Kommunikations- und Medienforschung. Anschließend geht es im dritten Kapitel um den Themenkomplex der Selektion als Informationsmanagement. Darin werden u.a. die verschiedenen Theorieansätze der Selektionsforschung beschrieben und auf ihre Tauglichkeit für die Neuen Medien überprüft.

Nach der Darstellung der konkreten Problemstellung im vierten Kapitel dieser Arbeit, in dem eine Definition der verschiedenen Fernsehnutzertypen vorgenommen wird, erfolgt in Kapitel 5 die Beschreibung der Studienkonzeption. Im Ergebnisteil in Kapitel 6 erfolgt zuerst eine allgemeine Betrachtung auf deskriptiver Basis, anschließend werden mit Hilfe multivariater Verfahren differenzierte Analysen durchgeführt. Mit dem empirischen Nutzen dieser Untersuchung befasst sich der Schlußabschnitt. Darin werden die Ergebnisse noch einmal zusammengefasst und vor dem Hintergrund des Forschungskontextes diskutiert.

2 Die Bedeutung des Internets im Kontext der Kommunikations- und Medienforschung

Das Internet hat sich in der Gesellschaft etabliert und gehört inzwischen zur Normalität.[1] „The Internet has become impossible to ignore in the past two years. Even people who do not own a computer and have no opportunity to 'surf the net' could not have missed the news stories about the Internet,..." (Morris/Ogan 1996: 1).[2] Die Nutzerzahlen steigen kontinuierlich an, die Umsätze in der Computerbranche boomen insbesondere im Online-Bereich, und auch der Medienmarkt hat die Zeichen der Zeit erkannt. Jede Zeitung bzw. Zeitschrift ist heute im Internet vertreten. Auch Fernsehsender haben Konzepte für Sendungen entwickelt, die sich mit dem Thema Computer bzw. Internet befassen. Eine der bekanntesten ist Giga auf NBC-Europe.[3]

2.1 „Neue Medien" aus Sicht der Kommunikations- und Medienforschung

Obwohl in der Literatur häufig von *dem* Internet als Neuem Medium gesprochen wird,[4] handelt es sich *nicht* um *ein* Neues Medium, sondern um eine *Vielzahl* Neuer Medien. Das Internet kann zwar zurecht „als Medium im Sinne eines rein technischen Vermittlungssystems bezeichnet werden" (Rössler 1998: 19), doch innerhalb dieses technischen Mediums (Medium 1. Ordnung), besteht eine „funktionale Differenz einzelner Anwendungen (z.B. World Wide Web, Email, Usenet, FTP usw.)" (ebd.).

Diese einzelnen Anwendungen werden von Morris/Ogan (1996: 3) als *configurations of communication* bezeichnet. Dobal/Werner (1997: 114) nennen sie *Kommunikationsmodi*. In jedem dieser Modi werden sowohl Darstellungsformen und Funktionen der klassischen Massenmedien integriert, als auch durch neue, onlinespezifische Optionen ergänzt, die bis jetzt nur dem Bereich der interpersonalen Kommunikation zugeordnet werden konnten. Durch diese Verbindung von Mas-

---

[1] Hagen (1998a: 7): drückt dies folgendermaßen aus: „Auch wer keinen Netzanschluss hat, kann dem Thema Online-Medien kaum entkommen."

[2] Bei Dokumenten, die aus dem Internet heruntergeladen wurden, können die Seitenzahlen aufgrund der jeweiligen browserspezifischen Einstellungen variieren. Die Angaben in dieser Arbeit beziehen sich auf die Verwendung des Netscape Communicaters 4.7.

[3] In dieser werktäglichen Sendung werden interessierten Zuschauern (Zielgruppe: Jugendliche) die neusten Tips und Entwicklungen zum Thema Computer und Internet vorgestellt. Das besondere an der Sendung ist, dass die Zuschauer in den Ablauf der Sendung eingreifen können, indem sie z.B. interessante URLs mailen oder via Chat mit den Moderatoren kommunizieren.

[4] Vgl. u.a. van Eimeren et al. (1997: 548).

sen- und Individualkommunikation (s. Kapitel 2.1.2) entsteht für jeden einzelnen Nutzer ein auf ihn zugeschnittener, individueller Kommunikationsraum, der sich aus den verschiedenen Kommunikationsmodi zusammensetzt.[5] Aus diesem Grund ist es notwendig und sinnvoll, den Begriff *Medium* auf den einzelnen Kommunikationsmodus und nicht auf das technische Verbreitungsmedium anzuwenden.

Dies hat Konsequenzen für die Medienwirkungsforschung. So müssen sich Wirkungsstudien (nach Rössler 1998: 21) zunächst „auf einen bestimmten Kommunikationsmodus und dessen Eigenheiten beziehen". Erst dann können in einem zweiten Schritt Wechselwirkungen und gemeinsame Wirkungen untersucht werden.[6] Diesem Ansatz soll in der vorliegenden Arbeit, durch die Beschränkung auf das World Wide Web als Untersuchungsmedium, Rechnung getragen werden. Es wird deshalb als Untersuchungsmedium ausgewählt, weil es, neben dem Empfangen und Verschicken von Emails, der populärste bzw. meist genutzte Dienst des Internets ist.

2.1.1 Diffusion und Neue Medien

Die Neuen Medien werden nicht nur im beruflich-organisatorischen Zusammenhang, sondern zunehmend auch im privaten Alltag genutzt. Betrachtet man diese Entwicklung aus einer diffusionstheoretischen Sichtweise, stellt sich die Frage, aus welchen Gründen es einige mediale Innovationen (Handy, Fax) im Gegensatz zu anderen (BTX) schaffen, sich in der Gesellschaft zu etablieren, und ob dieser Prozess initiiert, beeinflußt oder gesteuert werden kann.

In der Fachliteratur gibt es die verbreitete Annahme, dass Institutionalisierungsprozesse kaum willkürlich geplant oder gesteuert werden können. Douglas allerdings weist nachdrücklich darauf hin, dass der Prozess der Institutionalisierung „nicht als Überführung ungeregelter, gewissermaßen 'naturhafter' Verhältnisse in 'kultivierte' Beziehungen zu denken [ist]. Es handelt sich vielmehr um einen Vorgang der Aneignung neuer auf der Grundlage bestehender Handlungs- und Wahrnehmungsmuster, der Ersetzung alter durch neue Klassifikationssysteme, alter durch neue Regeln" (Schmid/Kubick 1996: 18).

Für eine genaue Analyse des Diffusionsprozesses lassen sich nach Katz/Levin/Hamilton (1963) sieben Elemente unterscheiden, die ihnen bedeut-

---

[5] Nach Wehner (1997:130) verfügt jeder Kommunikationsraum über eine eigene Nutzerkultur.
[6] Als zweite Schlußfolgerung führt Rössler (1998) an, dass das Verhältnis zwischen den vermuteten Wirkungen der Onlinekommunikation und denen der klassischen Massenmedien in der Medienwirkungsforschung thematisiert werden muss.

sam erscheinen: „(1) Akzeptierung, (2) innerhalb eines Zeitraumes, (3) von spezifischen Neuerungen (Ideen oder Techniken), (4) durch Individuen, Gruppen oder andere Adoptereinheiten, (5) verbunden durch spezifische Kommunikationskanäle, (6) untereinander und mit der sozialen Struktur der Gruppe, (7) innerhalb eines gegebenen kulturellen Wertesystems" (zit. nach Schenk 1987: 283). Rogers und Shoemaker (1971) hingegen differenzieren nur vier Elemente: „(1) Innovation, (2) ihre Kommunikation durch bestimmte Kommunikationskanäle, (3) im Zeitverlauf, (4) an die Mitglieder eines sozialen Systems" (ebd.). Gleichzeitig ordnen sie die Elemente der Diffusion von Innovationen in ein S („Source"), M („Message"), C („Channel"), R („Reciever"), E („Effects") – Kommunikationsmodell ein (vgl. Abb. 2.1)[7].

---

[7] Da im Rahmen dieser Arbeit die genaue Literaturlage zur Diffusionsforschung nicht aufgearbeitet werden kann, sei an dieser Stelle auf die bereits erwähnte Literatur verwiesen. Es sei hier noch angemerkt, dass diese Theorien weit vor der Entstehung der Neuen Medien entwickelt wurden. Das heißt jedoch nicht, dass sie für die Neuen Medien keine Gültigkeit besitzen, im Gegenteil. So läßt sich z.B. auch das von Kubicek/Schmid (1996) entwickelte *Drei-Stufen-Modell zum Innovations- und Diffusionsprozess Neuer Medien* in seinen Grundstrukturen auf die frühen Theorien zurückführen.

Elemente im S-M-C-R-E Modell:	„Source" Quelle	„Message" Aussage	„Channel" Kanal	„Receiver" Empfänger	„Effects" Wirkungen
Korrespondierende Elemente der Diffusion von Innovationen	Erfinder, Wissenschaftler, Entwicklungshelfer oder Meinungsführer	Innovation (wahrgenommene Eigenschaften, z. B. relativer Vorteil, Kompatibilität usw.)	Kommunikationskanäle (Massenmedien oder interpersonale Kommunikation)	Mitglieder eines sozialen Systems	Wirkungen im Zeitablauf 1. Wissenszuwachs 2. Einstellungsänderung (Persuasion) 3. Verhaltensänderung (Adoption oder Zurückweisung)

Abbildung 2.1: Elemente der Diffusion und das S-M-C-R-E-Kommunikationsmodell nach Rogers/Shoemaker (1971) (Quelle: Schenk, Michael, 1987: 283)

Im weiteren Verlauf dieses Abschnitts beschränkt sich die Darstellung des Diffusionsprozesses auf die Phase der Wirkungen (Effects), d.h. auf die Frage, welche Kriterien einen Einfluß auf die Adoptionsentscheidung der potentiellen Nutzer haben. Denn nur wenn ein bestimmter Anteil der Gesellschaft ein Neues Medium adoptiert, besteht für dieses Medium die Chance, sich zu etablieren. Dazu kann festgestellt werden, dass die Zeit ein wichtiger Faktor im Diffusionsprozess ist. Zum einen spielt sie eine Rolle „innerhalb des individuellen Entscheidungsprozesses über die Annahme einer Innovation. Zum anderen ermöglicht sie es, frühere oder spätere Übernehmer anhand von Diffusionskurven zu identifizieren" (Schenk 1987: 286).

Beim individuellen Adoptionsprozess können vier Stufen unterschieden werden: *Wissen, Persuasion, Entscheidung, Bestätigung.* Diese vier Stufen stehen in einem zeitlichen Zusammenhang, d.h. zwischen Wahrnehmung eines Neuen Mediums als erster Stufe und Adoption bzw. Nichtadoption des Mediums sind weitere Bewußtseinszustände geschaltet. Auf der Ebene des allgemeinen Adoptionsprozesses kann wiederum in die kumulierten Prozentzahlen der Adoptoren sowie die unterschiedlichen Gruppen der Übernehmer unterteilt werden. Diese Gruppen sind die Innovatoren, die frühen Übernehmer, die mittleren Mehrheiten, die späten Mehrheiten und die Nachzügler (Abb. 2.2).[8]

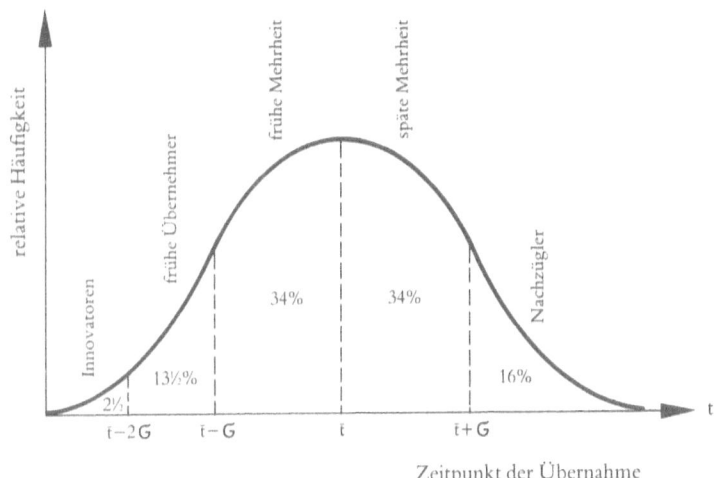

Abbildung 2.2: Klassifikation der Übernehmer nach der Adoption
(Quelle: Schenk, M., 1987: 292)

---

[8] Eine übersichtliche Beschreibung der einzelnen Gruppen findet man bei Schenk (1987: 290ff).

Nun stellt sich die Frage, wo in diesem Adoptionsprozess das World Wide Web einzuordnen ist. Auf individueller Ebene kann diese Frage nicht beantwortet werden. Jedoch sind alle Voraussetzungen gegeben, damit sich jeder einzelne potentielle Nutzer seine persönliche Meinung zum WWW bilden kann. Sowohl in der massenmedialen als auch in der interpersonalen Kommunikation gibt es genügend Gelegenheiten, sich über das Medium zu informieren und eine Entscheidung zu treffen. In bezug auf den allgemeinen Adoptionsprozess kann man sich an den konkreten Nutzerzahlen orientieren. Die Betonung liegt hierbei auf *orientieren*, denn nicht jeder, der eine Innovation adoptiert, kann oder möchte auch den zweiten Schritt gehen und die Innovation tatsächlich nutzen. Dennoch spiegeln die Nutzerzahlen den allgemeinen Trend in der Gesellschaft wider. Da im Moment seitens der Computerindustrie mit exponentiellen Zuwachsraten bei den Onlinenutzern gerechnet wird, ist davon auszugehen, dass der Adoptionsprozess sich zumindest nicht mehr im Anfangsstadium befindet. Gleiches gilt auch bezüglich der Übernehmertypen. Das WWW befindet sich zur Zeit im Übergang von der Phase der frühen Übernehmer zur Phase der frühen Mehrheit. Somit stehen die Chancen des WWW, sich in der Gesellschaft zu etablieren, relativ gut.

2.1.2 Individual- oder Massenmedium?

Die Integration des Internets in die vorhandenen Modelle der Medienwirkung fällt der Kommunikations- und Medienforschung relativ schwer. Insbesondere die Frage, ob es sich beim Internet eher um ein Individual- oder Massenmedium handelt, wird kontrovers diskutiert.[9] Morris/Ogan (1996) führen dies darauf zurück, dass die Kommunikations- und Medienforscher das Internet lange Zeit nicht beachtet haben, da es nicht in ihr Konzept der Massenmedien paßte. Dieses Konzept bestand für sie lediglich aus Print- und audiovisuellen Medien und nicht aus computervermittelter Kommunikation, der das Internet zugeordnet wird. Somit wurde die Untersuchung dieser Kommunikationsform anderen Wissenschaftsbereichen überlassen.[10] Auch Höflich (1995: 518) merkt an, dass sich die vorwiegend an den klassischen Massenmedien ausgerichtete Kommunikationswissenschaft den interaktiven Medien eher zögerlich zugewandt hat.

Dies ist inhaltlich sicherlich richtig. Allerdings darf nicht vergessen werden, dass es das Ziel der Kommunikations- und Medienforschung ist, Wirkungen von Me-

---

[9] Als Einstiegsliteratur zu diesem Thema vgl.: Krotz, (1995), Höflich (1997), Morris/Ogan (1996).

[10] Andere Wissenschaftsbereiche wie z.B. die Medienpädagogik oder die Informationswissenschaften beschäftigen sich schon seit knapp 20 Jahren mit computervermittelter Kommunikation. Vgl. hierzu z.B. Dennis, A./Gallupe, R. (1993).

dien auf Wissen, Einstellungen und Verhalten der Nutzer bzw. Rezipienten zu erforschen. Eine Wirkung kann aber erst dann untersucht werden, wenn das Medium einen gewissen Verbreitungsgrad erreicht hat, da es sonst überhaupt keine Wirkungen „erzeugen" kann. Diese Situation ist jedoch erst seit kurzem gegeben, so dass sich die Bemühungen der Kommunikations- und Medienforschung vermehren, die Neuen Medien in ihre Modelle zu integrieren. Das einzige, was der Kommunikationswissenschaft vorgehalten werden könnte, ist das Versäumnis, sich nicht intensiver mit der interpersonalen Kommunikation befasst zu haben. Das heißt natürlich nicht, dass interpersonale Kommunikation in der Kommunikationswissenschaft keine Berücksichtigung fand. Hätte sie sich jedoch auf einer breiteren Ebene mit diesem Teilbereich der Kommunikation beschäftigt, so würde ihr der Übergang von den klassischen Massenmedien zu den Neuen Medien eventuell leichter fallen, da vielleicht ein größeres Reservoir an Theoriemodellen zur interpersonalen Kommunikation vorhanden wäre.

Darauf könnte nun bei der Verschmelzung interpersonaler und massenmedialer Kommunikation zurückgegriffen werden. Immerhin wiesen Cathgart und Gumpert schon 1983 darauf hin, dass für sie die traditionelle Unterteilung in interpersonale-, Gruppen- und Öffentlichkeits- sowie Massenkommunikation überarbeitet werden muss. „We are quite convinced that the traditional division of communication study into interpersonal, group and public, and mass communication is inadequate because it ignores the pervasiveness of media" (Cathgart/Gumpert 1983: 268). Diese Aussage läßt sich auf das Problem der Individual- und Massenkommunikation übertragen.

Auch Foscht (1998: 12ff) verdeutlicht in seinem Überblick über die Entwicklung der Medien, dass die Medienentwicklung an dem Punkt angelangt ist, an dem sich die Kommunikationswissenschaft von der bisherigen Trennung massenmedialer und individueller Medien lösen und die beiden Kommunikationsstränge wieder zusammenfügen muss. Krotz (1995: 446) merkt an, dass die Kommunikationsforschung bis jetzt die Trennung der beiden Kommunikationslinien „in ihren Untersuchungen ordentlich nachvollzogen und alles getrennt für sich untersucht hat." Dies ist darauf zurückzuführen, dass sich der Großteil der Kommunikationswissenschaft beim Begriff Massenkommunikation auf die Definition von Gerhard Maletzke beruft. Maletzke versteht unter Massenkommunikation „jene Form der Kommunikation, bei der Aussagen öffentlich (also ohne begrenzte und personell definierte Empfängerschaft) durch technische Verbreitungsmittel (Medien) indirekt (also bei räumlicher oder zeitlicher oder raumzeitlicher Distanz zwischen den Kommunikationspartnern) und einseitig (also ohne Rollenwechsel zwischen Aussagendem und Aufnehmenden) an ein disperses Publikum (im soeben erläuterten Sinn) vermittelt werden" (Maletzke 1972).

In der „mainstream-Kommunikationswissenschaft" (Krotz 1995: 450) war diese Definition weitgehend unstrittig. Doch schon mit der Entwicklung audiovisueller Medien wurde der Begriff Massenkommunikation (mit den Attributen der Definition Maletzkes) problematisch, und bezogen auf die Neuen Medien besitzt er in dieser Form keine Gültigkeit mehr. Elektronische Kommunikationsdienste, wie z.B. der Kontakt per E-mail, sind zum einen nicht öffentlich und zum anderen schon gar nicht für jeden zugänglich. Die Kommunikation ist weder indirekt, noch richtet sie sich an ein disperses Publikum. Auch der Online-Chat, um ein weiteres Beispiel zu nennen, widerspricht Maletzkes Definition. Beim Chatten findet zwar eine öffentliche Kommunikation statt, in die sich jeder einschalten kann, doch beruht sie auf Wechselseitigkeit.

„Dementsprechend läßt sich das Geschehen im elektronisch mediatisierten Kommunikationsraum nicht allein als Massenkommunikation beschreiben, vielmehr finden auf den gleichen Übertragungswegen Gruppen- und Individualkommunikation statt" (Krotz 1995: 450). Darum scheint es, wenn man an dem Begriff festhalten will, notwendig, bisherige Definitionen und theoretische Konzepte der Massenkommunikation zu überdenken bzw. auszubauen (vgl. Morris/Ogan 1996: 3).

So sprechen viele Autoren von einer Verschmelzung der beiden Kommunikationsbereiche Massen- und Individualkommunikation.[11] Leider ist es diesbezüglich noch nicht gelungen, ein allgemeingültiges, von der Mehrheit der Kommunikationswissenschaftler anerkanntes, neues Konzept zu entwickeln. Krotz z.B. spricht von einem für den Rezipienten neu entstehenden *elektronisch mediatisierten Kommunikationsraum*. Mit diesem Begriff „ist weder festgelegt, ob individuelle oder an ein disperses Publikum gerichtete Botschaften kommuniziert werden, und auch nicht, ob es sich um Interaktionen zwischen zwei Menschen, zwischen Mensch und Computer oder um eine Form von Rundfunk, also zu einem bestimmten Zeitpunkt unternommene, an ein mehr oder weniger disperses Publikum adressierte, einseitige Vermittlung von standardisierten Botschaften und deren Rezeption oder um irgendeine Mischform handelt. In einer anderen Perspektive betrachtet ist darin sowohl Computerkommunikation..., Massenkommunikation..., individualisierte Kommunikation... sowie individuelle Kommunikation mit anderen Menschen enthalten" (1995: 451). Damit hält Krotz an der Definition des Begriffs Massenkommunikation fest. Allerdings ist Massenkommuni-

---

[11] An dieser Stelle sei angemerkt, dass Schmid und Kubicek (1996) diese von vielen Autoren erhobene These der Verschmelzung beider Entwicklungslinien der Kommunikation für theoretisch und praktisch nicht haltbar bezeichnen.

kation nur noch ein Spezialfall in seinem Konzept des *elektronisch mediatisierten Kommunikationsraumes*.

Morris/Ogan hingegen bezeichnen das Internet als Massenmedium mit besonderen Qualitäten. „The Internet is a multifaceted mass medium, that is, it contains many different configurations of communication. Its varied forms show the connection between interpersonal and mass communication... The Internet plays with the source-message-receiver features of the traditional mass communication model, sometimes putting them into traditional patterns, sometime putting them into entirely new configurations" (1996: 3).

Computergesteuerte Massenmedien ist der Begriff, den Rafaeli (1986) einführt. Allerdings bezieht er diese Definition auf Electronic Bulletin Boards. An anderer Stelle nennt er sie *kollaborative* bzw. *interaktive Massenkommunikationssysteme* (vgl. Höflich 1997: 86). Ogan versteht ein Electronic Bulletin Board als eine Art „Hybrid-Kommunikationsmedium", „with some characteristics not found in either mass media or face-to-face communication..." (1993: 17).

Dies sind nur einige Beispiele, die zeigen, dass es eine Vielzahl von verschiedenen Begriffen für ein und denselben Sachverhalt gibt. Allerdings ist es im Rahmen dieser Arbeit nicht möglich, dieses Thema intensiver zu diskutieren. Drei Aspekte sollten jedoch in der Diskussion berücksichtigt werden:

- Massenkommunikation im traditionellen Sinne, also nach der Definition Maletzkes, wird es weiterhin geben. Schönbach unterstrich dies in seinem Eröffnungsvortrag auf der GOR '98 in Mannheim. Er geht davon aus, dass der Nutzer nicht aktiver wird, nur weil das Angebot dafür vorhanden ist. Der Nutzer möchte sich auch ferner einfach nur berieseln lassen, und nur dann aktiv werden, wenn er es möchte.[12]

- Im Moment wird die Diskussion unter der Überschrift *computervermittelte Kommunikation* geführt. Das trifft inhaltlich zweifelsfrei zu, da der Computer im Moment das einzige Medium für die Anwendung des Internets ist. Es wäre allerdings ein Fehler, sich in der theoretischen Konzeption auf den Computer als einziges Anwendungsmedium festzulegen.[13] Die technischen Entwicklungen schreiten derart rasant voran, dass es durchaus möglich ist, dass Compu-

---

[12] Schönbach führte als Beispiel an, warum ein Großteil der Bevölkerung nicht schon seit Jahren dpa-Meldungen abruft, sondern die Meldungen lieber schön aufbereitet in der Tageszeitung nachliest.

[13] Der Leser denke in diesem Zusammenhang an die neuesten Entwicklungen im digitalen Fernsehbereich, die es ermöglichen, auch mit Hilfe des normalen Fernsehgerätes, also ohne Computer, ins Internet zu gelangen. Die ersten Geräte gehen zur Zeit in Serienproduktion.

ter in ihrer heutigen Form in absehbarer Zeit nur noch als Reliquien vergangener Zeiten belächelt werden und neue Kommunikationstechniken zur Verfügung stehen.

- Die Diskussion könnte entschärft bzw. abgeschwächt werden, wenn man sich vom Konzept des Mediums Internet lösen und zum Konzept der einzelnen Online-Dienste (WWW, Email, Chat etc.) als verschiedene Kommunikationsmedien wechseln würde (s. Kap. 2.1). Einige Kommunikationsmodi (WWW, Email) könnten dadurch eindeutig der Massen- bzw. Individualkommunikation zugeordnet werden. Bei Mischformen wie Chats oder Newsgroups hingegen müsste die Diskussion fortgesetzt werden. Dennoch würde dies eine erhebliche Vereinfachung für die Theoriebildung darstellen.

Das World Wide Web kann in diesem Zusammenhang eindeutig als Massenmedium (vgl. u.a. Rössler 1998: 30) bezeichnet werden. Die Angebote bzw. Informationen werden einseitig, indirekt, für jeden zugänglich und durch technische Verbreitungsmittel an ein disperses Publikum vermittelt. Somit sind alle Voraussetzungen, mit denen Maletzke ein Massenmedium definiert, erfüllt.

2.1.3 Passiv, aktiv – interaktiv?
Mit der Frage, ob das Internet ein interaktives Medium ist, gelangt man zu einer weiteren kontrovers geführten Diskussion innerhalb der Kommunikationswissenschaft. Laut Höflich (1997: 95) hat man es bei dem Begriff Interaktion „mit einem zentralen – und gleichwohl unscharfen – Begriff zu tun, der auf eine neue Medienära verweist, bei der die ehemals „passiven" Rezipienten zukünftig zu (inter-) aktiven Nutzern werden sollen".

Der Interaktionsbegriff läßt sich aus verschiedenen Wissenschaftsbereichen herleiten. In der Soziologie[14] z.B. versteht man unter Interaktivität „die Beziehung zwischen zwei oder mehr Personen, die sich in ihrem Verhalten aneinander orientieren und sich gegenseitig wahrnehmen können. Die physische Präsenz der Interaktionspartner ist ein wichtiges Definitionselement" (Jäckel 1995: 463). In der Informatik hingegen bezeichnet Interaktion das *Wechselspiel zwischen Mensch und Computer*.[15] Auf eine ausführliche Darstellung der verschiedenen Definitionen des Interaktionsbegriffs außerhalb der Kommunikationswissenschaft soll an dieser Stelle aufgrund der nicht gegebenen Relevanz für diese Ar-

---

[14] Dieses Konzept der Interaktion findet man auch in der Psychologie und der Pädagogik.
[15] Zu dem Thema Mensch-Computer-Interaktion gibt es einen umfassenden Überblick von Benda (1989).

beit verzichtet werden.[16] Die Ausführungen sollen lediglich zur Beantwortung der Frage überleiten, welche Vorstellungen von *Interaktivität* in der Kommunikationsforschung zu finden sind.

Grundsätzlich gibt es zwei verschiedene Formen medialer Interaktion; einerseits die Interaktion *mit* einem Medium und andererseits die Interaktion (mit anderen) *durch* ein Medium (vgl. Abb. 2.3). Von Interaktion wird gemeinhin gesprochen, wenn Interaktionspartner anwesend sind (vgl. Merten 1977: 65f.). Bezieht man die Verwendung von Medien mit ein, dann ist dies jedoch nicht zwingend vorauszusetzen (vgl. Höflich 1996: 19), d.h. es handelt sich auch dann um Interaktionen, wenn die Kommunikationspartner geographisch getrennt sind. Selbst eine zeitliche Kluft schließt Interaktion nicht aus, wenn die Interaktionspartner in ihren kommunikativen Akten aufeinander Bezug nehmen, z.B. bei Kommunikation via Email (vgl. Höflich 1997: 99).

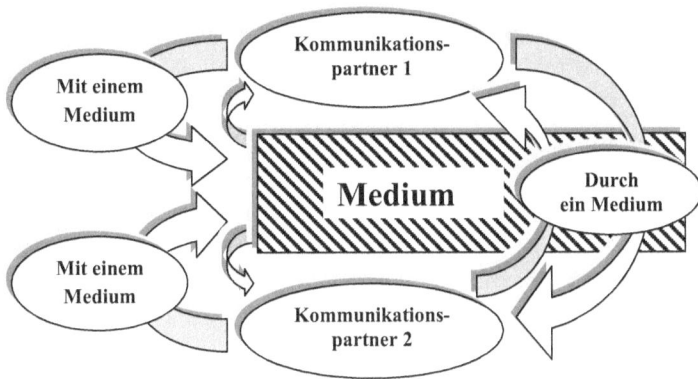

Abbildung 2.3: Formen medialer Interaktion

Folglich sind die klassischen Massenmedien Hörfunk oder Fernsehen zumindest in einem geringen Maß interaktiv, da verschiedene Selektionsmöglichkeiten (Programmangebote) vorhanden sind. Dieser Einschätzung schließt sich auch Rice (1984: 35) an: „...choosing among three network stations does, after all, provide some interactivity." Durlak (1987) hingegen hält das Medium für das interaktivste, welches die „natürlichste Kommunikation" ermöglicht. Demnach sind Bildtelefone und Videokonferenzen wesentlich interaktiver als es Zugriffsmedien wie Online-Dienste jemals sein können. Für Goertz (1995: 479) enthält das heutige Verständnis von „interaktiven Medien" sowohl Teile aus dem Inter-

---

[16] Eine ausführliche Darstellung findet man u.a. bei Jäckel (1995) und Goertz (1995).

aktionskonzept der Soziologie als auch aus dem Interaktionskonzept der Informatik. Heeter (1989) weist darauf hin, dass Interaktivität als ein mehrdimensionales Konstrukt anzusehen ist und definiert sechs Dimensionen, mit denen ein Interaktionsindex gebildet werden kann.[17]

Für Reetze (1993: 167) wiederum bedeutet Interaktivität die Möglichkeit, durch aktives Eingreifen tatsächlich etwas verändern und nicht nur aus verschiedenen Angeboten wählen zu können. Doch welche dieser Aussagen über Interaktivität trifft nun am ehesten auf das Internet zu? Vor dem Hintergrund der Tatsache, dass Kellerer (1993) 36 verschiedene Definitionen zu diesem Thema gefunden hat, wird deutlich, dass dies eine Frage ist, deren Antwortmöglichkeiten sich nicht dichotomisieren lassen.

Das Internet besteht aus vielen verschiedenen Diensten, wobei jeder Dienst über ein bestimmtes Maß an Interaktivität verfügt. Der Chat ist wohl der interaktivste. Beide bzw. alle Kommunikationspartner können sich parallel in den Kommunikationsprozess einbringen. Auch bei der Email-Kommunikation kann eindeutig von Interaktivität gesprochen werden.[18]

Das World Wide Web hingegen ist genauso (wenig) interaktiv wie das Fernsehen. Als Nutzer kann man „lediglich" aus einer unzählbar großen Menge auswählen. Die Interaktivität des „Surfens" im WWW besteht im wesentlichen aus einer reinen Folge von Selektionsentscheidungen im Sinne von Multiple Choice (vgl. Coy 1997: 168). Man kann weder etwas verändern, noch kann man im WWW mit einem anderen Nutzer kommunizieren.[19] Der Anschein dies zu können, beruht auf dem Trugschluß, dass die interaktiven Dienste wie z.B. Email oder Chat quasi in das WWW integriert sind, d.h. dass man nur auf einen Link zu klicken braucht, und schon kann man mit anderen Nutzern kommunizieren. Dies

---

[17] Auf die einzelnen Dimensionen soll hier nicht weiter eingegangen werden. Einen guten Überblick findet man in Höflich (1997).

[18] Vorausgesetzt, und dies gilt auch für den Online-Chat, man ist kein Verfechter der Theorie, dass der Interaktionsbegriff aus der Soziologie 1:1 in den Bereich der Kommunikationswissenschaft übernommen werden soll (vgl. Jäckel 1995: 469).

[19] Die Betonung liegt hierbei auf Nutzer. Natürlich kann man im Sinne von „Interaktion mit einem Medium" mit seinem Computer kommunizieren. Es stellt sich dabei allerdings die Frage, ob diese Art von Interaktion herangezogen werden sollte, wenn man die interaktiven Möglichkeiten der „Neuen I&K-Techniken" beschreiben möchte. Denn dann müssten die klassischen Medien wie Hörfunk und Fernsehen (nach Rice) ebenfalls als interaktive Medien bezeichnet werden. Dies würde aber dem besonderen Charakter des Internets nicht gerecht, da interaktive Dienste wie Online-Chat oder Email mit den klassischen Medien nicht möglich sind. Und gerade diese Dienste unterstreichen die Interaktivität des Internets.

sind jedoch andere Medien.[20] Das WWW ist nicht interaktiv und ähnelt daher in seinen Nutzungsbedingungen dem Fernsehen. Somit bieten sich Vergleiche im Nutzungsverhalten, wie sie in dieser Studie durchgeführt werden, geradezu an. Um diese Vergleiche ziehen zu können, ist es jedoch notwendig, sich mit den Begebenheiten und Strukturen beider Medien zu beschäftigen. Da es gerade zur Thematik der Entwicklung des Fernsehens schon eine Vielzahl von Studien gibt, beschränkt sich der folgende Abschnitt auf eine kurze Darstellung der Entwicklung und der Möglichkeiten des Internets im allgemeinen und des World Wide Web im besonderen.

2.2 Internet – ein weltumspannendes Netz

Wenn man bedenkt, dass die ersten vier Rechner des heutigen Internets erst 1969 vernetzt wurden, so verdeutlicht dies die relativ kurze Zeitspanne, in der sich die rasante Entwicklung vollzogen hat.[21] Doch welchen Weg wird es einschlagen? Wird es die kritische Masse erreichen und zum „Leitmedium des neuen Milleniums" (Rössler 1998: 7) werden, oder besteht die Gefahr, dass dem Internet ein ähnliches Schicksal wie dem Bildschirmtext (BTX) widerfährt und es in der zukünftigen Medienlandschaft keinen Platz findet?[22]

Von letzterem ist im Moment nicht auszugehen. Das Internet hat sich als *Gebrauchsmedium* – wie das Fernsehen – in der Gesellschaft etabliert. In absehbarer Zeit wird sich wahrscheinlich niemand Gedanken über langsame Verbindungen machen. Welche Form das Internet oder eine ihm nachfolgende Netzwerktechnologie dabei annehmen wird, ist jedoch nur schwer prognostizierbar. Insbesondere der Mobile-Bereich wird hier zukünftig eine wichtige Rolle spielen.

Beim *WWW*, dem Untersuchungsmedium dieser Arbeit, handelt es sich nach einer Definition von Ralf Taprogge um „eine Medienanwendung, die [...] vor-

---

[20] Als Beispiel sei hier angeführt, dass der Nutzer auch beim klassischen Massenmedium Fernsehen die Möglichkeit hat, per Knopfdruck in ein anderes Medium zu wechseln, ohne das sich das technische Verbreitungsmedium ändert. Gemeint ist hier das Medium Videotext.

[21] Viele Autoren bezeichnen das Jahr 1957 als das „Geburtsjahr" des Internets, da in diesem Jahr in den USA die ARPA (Advanced Research Project Agency) gegründet wurde. Diese Organisation hatte die Aufgabe, ein Computernetzwerk zu entwickeln, das im Kriegsfalle die militärische Nachrichtenübermittlung in den USA sichern sollte. Daraus entwickelte sich im Verlaufe der Jahre das heutige Internet. Ausführliche Darstellungen der Geschichte des Internets sind u.a. zu finden bei: Musch, Jochen (1997), Taprogge (1996), <http://www.geocities.com/Tokyo/5616/geschi.htm>.

[22] Schweiger (1999: 52) geht davon aus, dass das WWW die kritische Masse schon längst erreicht hat.

nehmlich der Publikation dient. Zentrale Merkmale sind eine besonders einfache Form der Selektion von Medienangeboten, eine große Vielfalt integrierbarer Medientypen sowie eine über Hypertext- bzw. Hypermedia-Verweise (Links) durchführbare nonlineare Verknüpfungsmöglichkeit von Elementen eines oder mehrerer Medienangebote. [...] Durch zunehmende Möglichkeiten der Integration von Funktionen anderer Medienanwendungen (z.B. von Email, Chat etc.) verschwimmen scheinbar Grenzen; es kann der Eindruck entstehen, als ließe sich das Nutzungspotential des Internet auf das Spektrum der Möglichkeiten im World Wide Web reduzieren" (Taprogge 1996).

Diese Definition verdeutlicht die derzeitige Situation des World Wide Web. Vielerorts werden die Begriffe Internet und WWW synonym verwendet. Wie jedoch bereits beschrieben, ist das WWW ein einzelnes Medium innerhalb des Internets (Kap. 2.1).[23] Vielmehr liegt es nahe, auf die Vielzahl der verschiedenen Angebote im WWW einzugehen, denn sie führt für die Nutzer zu einer nicht mehr zu überblickenden Fülle von Informationen. Das liegt an der dezentralen Struktur des WWW. Auf der ganzen Welt werden Angebote ins Netz gestellt und von interessierten Nutzern, die vielleicht gerade diese Informationen suchen, abgerufen.

Der Begriff *Information* wird in diesem Zusammenhang mit Neuigkeit, Aktualität, Kennenlernen von bisher Unbekanntem in Verbindung gebracht. Man redet umgangssprachlich auch vom Informationsgehalt einer Mitteilung. Allerdings ist nicht jede Mitteilung per Definition informationshaltig. Diese Eigenschaft resultiert aus ihrer Stellung im Kommunikationsprozess, genauer gesagt aus dem Verhältnis zwischen Kommunikator und Rezipient. Nur wenn zwischen diesen beiden ein *Kenntnis- oder Aktualitätsgefälle* besteht, kann von Information im Sinne von Neuigkeit oder Dazulernen gesprochen werden.[24] Das bedeutet für den WWW-Nutzer einen möglichen Informationsgewinn mit jeder aufgerufenen Seite, auf der sich Inhalte befinden, die ihm bis dato unbekannt waren.

Das Angebot im WWW ist, wie bereits beschrieben, für den Nutzer unüberschaubar. Er muss notwendigerweise bestimmte Hilfsmittel zur Navigation nutzen. Im Normalfall wird er sich Suchmaschinen bedienen. Suchmaschinen sind Hilfswerkzeuge, mit denen das WWW nach bestimmten Kriterien und Stichworten durchsucht werden kann. Sie basieren auf Datenbanken, die einen mehr oder

---

[23] Zu diesem Thema vgl. u.a. Rost/Schack (1995), Ishii (1995), Taprogge (1996), Kyas (1994).
[24] Dieses Gefälle wird in der Informationstheorie mit dem Begriff *Ungewißheit* (*uncertainty*) bezeichnet. Demnach kann Information als Verminderung des Kenntnis- oder Aktualitätsgefälles zwischen Kommunikator und Rezipient beschrieben werden. D.h. je größer das Gefälle, desto höher kann der Informationsgehalt einer Mitteilung sein (vgl. Fischer Lexikon Publizistik: 148ff).

weniger großen Teil der im WWW vorhandenen Seiten erfassen. Eine vollständige Erfassung aller im World Wide Web publizierten Angebote ist jedoch nicht möglich, da zum einen die Quantität der Inhalte zu groß und zum anderen die Publikationsdauer der einzelnen Angebote sehr unterschiedlich ist.[25]

Je nach Funktionsweise der Suchmaschine (automatisch oder manuell) erhält man unterschiedliche Suchergebnisse, so dass die Suche mit einer einzelnen Suchmaschine eher einem Spiel mit dem Zufall ähnelt (Sander-Beuermann 1998: 178). Deshalb empfiehlt es sich, Meta-Suchmaschinen zu benutzen, die mehrere Suchdienste auf einmal durchsuchen und die Ergebnisse zusammenfassen.[26] Doch egal für welche Art von Suchmaschine oder Navigationsstrategie sich der Nutzer entscheidet, er ist immer gezwungen zu selektieren. Selektionsprozesse sind das Hauptspezifikum des WWW. Dies bezieht sich nicht nur auf die Auswahl bestimmter Links, sondern auch auf die Wahl der Navigationsmittel und deren Nutzungsart (Suchabfrage in Suchmaschinen).

Bevor man sich jedoch nun intensiver mit dem Thema *Selektion im Internet* befassen kann, empfiehlt es sich, einen Blick auf die bisherige Selektionsforschung im Bereich der klassischen Medien zu werfen.

---

[25] Eine vollständige Erfassung aller im WWW vorhandenen Angebote scheint momentan technisch unmöglich. Nach einer Studie des NEC-Forschungsinstituts in Princeton, New Jersey aus dem Jahre 1998, erfassen die bekanntesten Suchmaschinen nur einen Bruchteil der gesamten Dokumentenmenge im WWW. Das beste Ergebnis erzielte Hotbot mit 34%, gefolgt von Altavista (28%) und NorthernLigth (20%) (vgl. Sander-Beuermann 1998: 178).

[26] Irgendwann gelangen auch Meta-Suchmaschinen an ihre Grenzen. Insbesondere dann, wenn es darum geht, tausend und mehr Suchmaschinen parallel abzusuchen. Einen sehr guten Überblick über (Meta-) Suchmaschinen (inkl. Bewertungskriterien) findet man bei Sander-Beuermann (1998).

3 „Information overload" – Selektion als Informationsmanagement

Der Mensch ist zwangsläufig selektiv, da es für ihn nicht möglich ist, alle Angebote zu nutzen, die in einer modernen Gesellschaft auf dem Medienmarkt erscheinen. „Von allen Informationen, die die aktuellen Massenmedien in Deutschland täglich veröffentlichen, werden im Durchschnitt nur rund 1,7 Prozent von den Bürgern aufgenommen" (Donsbach 1991: 15). Tageszeitungen können vor diesem Hintergrund noch die beste Quote aufweisen. Dort beträgt die Informationsüberlastung nur 91,7%. „Dennoch bleiben auch dort von den täglich angebotenen 65.000 Wörtern knapp 60.000 unbeachtet" (Donsbach 1991: 15).

Dabei kann zwischen drei Formen der Selektion unterschieden werden. Die *Selektivität des Medienangebots* bezeichnet die je nach Haushalt differierende Möglichkeit der Medienauswahl. So können z.b. abhängig vom Wohnort nur bestimmte Lokal- oder Regionalsender (Dritte Programme, Offene Kanäle, etc.) empfangen bzw. bestimmte Regionalzeitungen erworben werden. Bei audiovisuellen Medien besteht ein weiterer Einflußfaktor auf das zu empfangende Medienangebot in der Art des Antennenanschlusses. So können mit einem Kabel- oder Satellitenanschluß wesentlich mehr Programme empfangen werden als mit einer einfachen Hausantenne.[27] Wenn aber ein bestimmter Sender rezipiert werden soll, dieser jedoch unter Berücksichtigung aller Anschlußarten nicht zu empfangen ist, bleibt keine andere Möglichkeit, als auf den Sender zu verzichten. Damit wird eine Vorauswahl getroffen, auf die die Rezipienten im Endeffekt keinen Einfluß haben.

In Bezug auf das WWW ist die Selektivität des Medienangebots etwas differenzierter zu betrachten. Der große Vorteil des WWW bzw. des Internets besteht darin, dass die Nutzer orts- und zeitunabhängig sind. Diesbezüglich gibt es also keine Vorauswahl wie bei print- oder ausiovisuellen Medien. Allerdings dürfen die beiden folgenden Gesichtspunkte nicht außer acht gelassen werden. Zum einen benötigen heute viele Websites die neuesten Browserversionen und zahlreiche Zusatzprogramme (Videoplayer, Soundplayer, Shockwave. etc.). Verfügen die Nutzer nicht über diese Zusatzprogramme[28], so ist es ihnen nicht möglich, alle Features einer Website zu nutzen. Zum anderen wird es in Zukunft immer mehr kommerzielle Websites geben (s. Kap. 2.2.1), zu denen die Nutzer nur ge-

---

[27] Bei Kabel- oder Satellitenanschlüssen gibt es allerdings auch Unterschiede im Programmangebot. So werden z.B. in einigen Bundesländern keine digitalen Fernsehprogramme ins Kabelnetz eingespeist, so dass der Nutzer sie nicht empfangen kann. Außerdem werden über Satellit viele Programme verschlüsselt ausgestrahlt. Je nach Präferenz und finanziellem Aufwand kann der Nutzer selbst entscheiden, welche dieser Programme er sehen möchte.

[28] Diese Programme kann sich der Nutzer kostenlos aus dem Web herunterladen.

gen Entrichtung einer Nutzungsgebühr Zugang erhalten. Somit ist die Situation mit der des Pay-TVs vergleichbar. Durch einen höheren finanziellen Aufwand kann über ein größeres mediales Angebot verfügt werden.

Ebenfalls keine Einflußmöglichkeit haben die Nutzer auf die *Selektivität der Kommunikatoren*. Als bestes Beispiel dienen hierbei die Nachrichten. Es finden tagtäglich so viele Ereignisse statt, dass es theoretisch unmöglich ist, über alle zu berichten. So muss seitens der Nachrichtenredaktion eine Auswahl getroffen werden. Welche Informationen von den Kommunikatoren ausgewählt und an das Publikum weitergeleitet werden, hängt von verschiedenen Faktoren ab. Diese deuten insgesamt darauf hin, dass sie nicht nach dem Zufallsprinzip, sondern systematisch aus dem verfügbaren Angebot auswählen.[29]

Im WWW sieht die Situation wiederum etwas anders aus. Hier können Rezipienten schnell zu Kommunikatoren werden, indem sie sich dazu entschließen, eine eigene Homepage zu gestalten und ins Web zu setzen. Somit haben sie zwar einen Einfluß auf die Selektion der Kommunikatoren, allerdings ist dieser Einfluß vor dem Hintergrund der nicht bestimmbaren Größe des Angebots dermaßen gering, dass er realistisch betrachtet zu vernachlässigen ist.

Die Rezipienten können demnach wie bei den klassischen Massenmedien lediglich aus dem verfügbaren Angebot auswählen, und somit die Medien ihren Wünschen entsprechend nutzen. In diesem Zusammenhang spricht man von der *Selektivität der Rezipienten*[30].

Die Kriterien zur Auswahl von Medieninhalten seitens der Rezipienten spielen schon seit Jahren eine große Rolle in der Kommunikations- und Medienforschung. Die Ergebnisse zahlreicher Studien zu diesem Thema zeigen, dass bei der Entscheidung von Lesern, Hörern oder Zuschauern, eine bestimmte Informa-

---

[29] Vgl. u.a. Severin/Tankard (1979); McQuail (1987).

[30] Kunz definiert noch eine vierte Art der Selektion, die *Selektivität der Werbewirtschaft*. Danach investiert die Werbewirtschaft nur in solche Medien bzw. Medienangebote, bei denen sichergestellt ist, dass die gewünschte Zielgruppe erreicht und ein Werbeerfolg erzielt wird. Somit bestimmen sie durch die Auswahl der Sendungen, in deren Umfeld sie Werbung schalten, welche Sendungen im Programmangebot bestehen bleiben, da die Programmanbieter darauf ausgerichtet sind, möglichst hohe Werbeeinnahmen zu erzielen, und ihr Programm deshalb den Anforderungen der Werbewirtschaft anpassen. Damit wird seitens der Werbewirtschaft indirekt eine Selektion des Programmangebots auf inhaltlicher Basis vorgenommen (vgl. Kunz 1995: 24ff).

tion aus den Massenmedien aufzunehmen, physiologische und kognitive Faktoren eine entscheidende Rolle spielen.[31]

Die Zusammenhänge zwischen diesen kognitionspsychologischen Erkenntnissen und der Medienwirkungsforschung ergeben sich in der historischen Betrachtung.[32] Während in der ersten Hälfte dieses Jahrhunderts die Kognitionspsychologie hauptsächlich im US-amerikanischen Raum erforscht wurde (Münsterberg 1916; 1970), begann in Deutschland der Aufstieg dieses Forschungsbereichs erst in den 60er Jahren. Als Meilensteine der Forschungshistorie können in diesem Zusammenhang Maletzkes viel zitierte „Psychologie der Massenkommunikation" (1963) sowie Kagelmann und Wennigers Buch „Medienpsychologie" (1982) angesehen werden. Daneben wurden und werden auch weiterhin psychologische Aspekte der Medienwirkung und -nutzung vor allem in der Sozialpsychologie thematisiert.

In den darauffolgenden Jahren wuchs das Interesse an der Medienpsychologie, was sich an zahlreichen Buchpublikationen und neuen Fachzeitschriften (z. B. „Medienpsychologie") ablesen läßt.[33] Nach und nach hielten die kognitiven Ansätze auch Einzug in die Kommunikationswissenschaft. Theoretische Ansätze wie die Kultivierungshypothese (Gerbner/Gross 1976; Gerbner/Gross/Morgan/ Signorielli 1980; 1986) oder der Agenda Setting Approach (McCombs/Shaw 1972; 1976), um nur zwei Beispiele zu nennen, sind ein Indiz dafür. Allerdings würde eine differenzierte Betrachtung der kognitions- bzw. medienpsychologischen Entwicklung innerhalb der Kommunikationswissenschaft den Rahmen die-

---

[31] Da es diese Arbeit nicht leisten kann, einen ausführlichen Überblick über die Kognitions- bzw. Biopsychologie zu geben, sei an dieser Stelle auf Birbaumer/Schmidt (1990), Wessells (1990) sowie Kroeber-Riel/Weinberg (1996) als Einstiegsliteratur verwiesen.

[32] Donsbach (1991: 30) stellt angesichts der sehr unterschiedlichen Zielvorgaben der Kommunikationswissenschaft und der Psychologie drei Fragen: „1. Benötigt die Publizistikwissenschaft überhaupt das Verständnis allgemeiner physiologischer und kognitiver Phänomene, um zu validen Aussagen über die soziale Kommunikation zu kommen? 2. Lassen sich die beiden Fächer bei der Erkenntnis von Kommunikationsprozessen theoretisch miteinander verknüpfen? 3. Lassen sie sich im Hinblick auf die unterschiedlichen methodischen Standards miteinander in Einklang bringen?" Donsbach beantwortet alle Fragen eindeutig mit „ja" und unterstützt eine enge Zusammenarbeit der beiden Fächer.

[33] Dies ist nicht zuletzt ein Verdienst von Hertha Sturm. Sie leistete in den 70er Jahren, gerade in ihrer Zeitschrift „Fernsehen und Bildung. Zeitschrift für Medienpsychologie und Medienpraxis" Pionierarbeit auf diesem Gebiet. Außerdem etablierte sie den Aufbaustudiengang Kommunikationspsychologie/Medienpädagogik" an der Uni Landau.

ser Arbeit sprengen.[34] Dennoch ist es notwendig, kurz auf die Entwicklung der Selektionsforschung innerhalb der Medienwirkungsforschung einzugehen.

3.1 Historische Entwicklung der Medienwirkungsforschung

Die historische Entwicklung der Medienwirkungsforschung läßt sich in drei Phasen unterteilen.[35] In der ersten Phase (bis Ende der dreißiger Jahre) ging man vor dem Hintergrund der Kriegspropaganda während der beiden Weltkriege davon aus, dass die Medien einen starken Einfluß auf die Rezipienten haben. Stellvertretend für Untersuchungen in der Phase mächtiger Medien und ohnmächtiger Rezipienten soll hier nur auf die Vorkommnisse bei der Übertragung von Wells Hörspiel „Die Invasion vom Mars" aus dem Jahre 1938 hingewiesen werden.[36]

Die zweite Phase (bis Ende der sechziger Jahre) zeichnet sich durch die Annahme schwacher Medienwirkungen aus. Als Hauptkonzept für diese Phase können die von Klapper (1960) als „mediating factors" bezeichneten Faktoren dienen, die Medienwirkungen zwar „nicht völlig verhinderten, aber von der Person des Rezipienten abhängig machten. Man nahm an, dass die soziale Gruppe und ihre Meinungsführer sowie die Selektivität der Rezipienten entsprechend der eigenen Meinung („Prädispositionen") dem Individuum einen wirksamen Schutzschild gegen Beeinflussungsversuche durch die Medien böten" (Donsbach 1991: 18). Eine der bekanntesten Studien in diesem Zusammenhang ist „The People's Choice" (Lazarsfeld/Berleson/Gaudet 1944)[37].

In der dritten Phase (ca. 25 Jahre später) wurde, im Sinne der Aufforderung Noelle-Neumanns: „return to the concept of powerful mass media" (1973), die Blickrichtung wieder umgedreht. Es wurden detailliertere und komplexere Methoden und Ansätze durchdacht und untersucht. Als Beispiele seien hier nur die Agenda-Setting-Theorie[38] und der Uses and Gratifications-Ansatz (vgl. Kap. 3.3.1) genannt. Theorien über den Zusammenhang von Selektion und Medien-

---

[34] Vgl. u.a. Groebel/Winterhoff-Spurk (1989); Winterhoff-Spurk (1989).

[35] vgl. McQuail (1987).

[36] Die am Abend des 30. Oktober 1938 in den USA ausgestrahlte Radiosendung „Die Invasion vom Mars", versetzte tausende Amerikaner in Panik, da sie durch eine Radioreportage von einer angeblichen Invasion von Marsmenschen erfuhren, die angeblich unsere Zivilisation bedroht. In Wirklichkeit handelte es sich um ein Hörspiel, das als aktuelle Reportage in eine Unterhaltungssendung geschnitten wurde (vgl. Cantril 1973).

[37] Mit der Erie-County-Studie zeigten Lazarsfeld/Berleson/Gaudet, dass sich die Wähler nur den Wahlkampf-Argumenten der Partei aussetzen, die sie ohnehin favorisieren. Mit den Argumenten der anderen Partei kommen sie dagegen kaum in Kontakt.

[38] Vgl. u.a. Brosius (1994), Iyengar (1993), McCombs/Shaw (1972), Pfetsch (1994).

wirkungen wurden in der Phase der wirkungsschwachen Medien entwickelt. Donsbach (1991) fügt in diesem Zusammenhang jedoch hinzu, dass Lazarsfeld schon vor der berühmten Erie-County Studie auf die Selektionsregel stieß. Ausformuliert haben die Autoren ihr Gesetz aber erst 1948 in einer Fußnote ihrer Studie über den Präsidentschaftswahlkampf 1940 in den USA:

> „The fact that people select their exposure along the line of their political .predispositions is only a special case of a more general law which pervades the whole field of communication research. Exposure is always selective; in other words, a positive relationship exists between people's opinions and what they choose to listen or to read" (zit. nach Donsbach 1991: 20).

In derselben Studie formulierten Lazarsfeld und seine Mitautoren auch das Konzept des „Two-Step-Flow of Communication" (Zwei-Stufen-Fluß, Meinungsführerkonzept). Es besagt, dass die interpersonale Kommunikation zwischen Meinungsführern und ihren „Untergebenen" einflußreicher ist, als der direkte Kontakt der Rezipienten mit den Massenmedien. Beide Konzepte stehen eng miteinander in Beziehung und bilden für Kraus/Davis (1976) den jeweils soziologischen und psychologischen Aspekt desselben Phänomens. Allerdings wurden die beiden Bereiche in der Folgezeit getrennt behandelt. Die soziologisch orientierten Ansätze berücksichtigten eher das Meinungsführerkonzept, die psychologisch[39] orientierten eher das Konzept der Selektivität (vgl. Donsbach 1991: 20).

1985 definierten Zillmann/Bryant selektive Zuwendung als ein Verhalten, das freiwillig ausgeübt wird, um eine wahrnehmungsmäßige Kontrolle bestimmter stimulativer Ereignisse zu erreichen oder zu erhalten (vgl. Zillman/Bryant 1985: 2). Donsbach geht diese Definition nicht weit genug. Selektion ist für ihn „ein Prozess zur sinnvollen Reduktion" von Umweltreizen, „mit dem Ziel, den Organismus mit den für ihn lebensnotwendigen Informationen zu versehen" (Donsbach 1991: 23). Merten (1984: 314) hat versucht, die verschiedenen Varianten der Medienwirkungsforschung, die auf dem Stimulus-Response-Prinzip beruhen, graphisch zu systematisieren. Anhand dieser Systematisierung läßt sich erkennen, dass die Selektionsforschung nur ein Strang innerhalb der Kommunikationswissenschaft ist. Dieser gewinnt seit der Einführung des Dualen Rundfunksystems in

---

[39] Die psychologisch orientierten Ansätze basieren hauptsächlich auf Festingers „Theorie der kognitiven Dissonanz" (1957). Darin wird beschrieben, dass es eine generelle Tendenz des Individuums gibt, bestehende Dissonanzen zwischen Kognitionen abzubauen bzw. drohende Dissonanzen zu verhindern.

Deutschland im Jahre 1985 kontinuierlich an Bedeutung. Überspitzt könnte man sogar sagen, seine Bedeutung steigt proportional zur Quantität der Programme.

Vor 1985 konnten in der Regel bundesweit nur drei Programme empfangen werden. Zu dieser Zeit stellte sich zwar auch schon die Frage, warum welches Programm eingeschaltet wird, allerdings ist diese Situation mit der heutigen, in der ca. 35 Fernseh- und viele Hörfunkprogramme zur Auswahl stehen, nicht zu vergleichen. Gerade für die privaten Programmanbieter ist es heute vor dem Hintergrund zielgruppenorientierter Werbeplanung von essentieller Bedeutung, Kenntnisse über die Rezipienten und deren Nutzungsverhalten zu bekommen.[40] Doch was die Einführung des Dualen Rundfunksystems für die Selektionsforschung in den 80er Jahren bedeutete, kann in den 90er Jahren, auf die Diffusion der Neuen Medien (s. Kap. 2.1.1) übertragen werden. Auch beim Internet sind die Anbieter daran interessiert, Kenntnisse über das Auswahlverhalten der Rezipienten zu bekommen. Nur so ist es Ihnen möglich, z.B. die Zielgruppen ihrer Websites zu bestimmen und sie somit der Werbewirtschaft anzubieten. Allerdings besteht hier dringend Bedarf an einer gültigen Währung für die Messung von Nutzerzahlen, so wie sie beim Fernsehen mit der Einführung der GFK-Meter geschaffen wurde. Jedoch geht es dabei nicht nur um die technische Seite. Wie bereits erwähnt, gibt es in bisher veröffentlichten Studien zahlreiche Definitionen eines Internetnutzers, die teilweise erheblich differieren. Vor diesem Hintergrund muss endlich ein einheitlicher theoretischer Standard geschaffen werden. Dies determiniert die wichtige Rolle der Selektionsforschung innerhalb der Kommunikationswissenschaft. Betrachtet man die technischen Neuerungen, die in den nächsten Jahren auch in anderen Medienbereichen Fuß fassen werden, so wird diese Forschungsrichtung weiter an Bedeutung gewinnen.

3.2 Verschiedene Phasen und Ebenen der Selektion

In der Massenkommunikation können verschiedene Selektionsphasen und -ebenen differenziert werden. In der Regel werden drei verschiedene Selektionsphasen unterschieden und als *selektive Zuwendung* (präkommunikative Phase), *selektive Wahrnehmung* (kommunikative Phase) und *selektive Erinnerung* (postkommunikative Phase) bezeichnet.[41] Die präkommunikative Phase beinhaltet die Vorauswahl eines Mediums. Der Rezipient muss erst einmal die Entscheidung treffen, ob er am Prozess der publizistischen Kommunikation teilnehmen oder

---

[40] An dieser Stelle sei angemerkt, dass diese Überlegungen in zunehmendem Maße auch für die öffentlich-rechtlichen Anbieter gelten, zumal wenn man die Diskussion über die Rundfunkgebühren verfolgt.

[41] Vgl. u.a. Noelle-Neumann (1994: 539), Severin/Tankard (1979:137).

sich einer nichtmedialen Tätigkeit zuwenden möchte. Auf einer zweiten Ebene (intermediär) muss sich der Rezipient für ein bestimmtes Medium entscheiden (Print, Hörfunk, Fernsehen, Internet). Die dritte Selektionsebene (intramediär) besteht in der Auswahl eines bestimmten Senders, Anbieters oder einer bestimmten Zeitung. Während Kunz (1995: 26ff) diese drei Selektionsprozesse als eigenständige Ebenen definiert, fasst Donsbach (1991: 24ff) sie zu einer Ebene zusammen.

In der kommunikativen Phase werden inhaltliche Angeboten wie z.b. Artikel, Sendungen oder Beiträge ausgewählt (vierte Ebene). Diese Selektion fällt deshalb in die kommunikative Phase, da der Rezipient erst beim Lesen des Artikels oder Betrachten des Beitrags seine Selektionskriterien (z.B. Gefallen – Nichtgefallen, Interesse – Desinteresse) anwenden kann.

Ebenen der Medienselektion	Phasen der Selektion		
	präkommunikativ (selektive Zuwendung)	kommunikativ (selektive Wahrnehmung)	postkommunikativ (selektive Erinnerung)
Mediale vs. nichtmediale Angebote			
Medienformen			
Anbieter/Sender			
Inhaltliche Angebote / Beiträge			
Informationen / Kognitionen			

Abbildung 3.1: Ebenen und Phasen der Medienselektion
(in Anlehnung an Kunz (1995): 28)

Die fünfte Ebene, bestehend aus der Wahrnehmung und Erinnerung einzelner Informationseinheiten, teilt sich über alle Phasen auf. Während die Wahrnehmung (per Definition) in der kommunikativen Phase stattfindet, kann die Erinnerung an bestimmte Informationen sowohl in der postkommunikativen als auch in einer zukünftigen präkommunikativen Phase stattfinden.[42]

Wenn man jedoch wie Doll/Hasebrink (1989: 45) unter Medienselektion nur die Prozesse seitens der Rezipienten versteht, die vor der eigentlichen Rezeption stattfinden, birgt dies einige Probleme in sich. Berücksichtigt man nur die prä-

---

[42] In diesem Zusammenhang stellt sich die Frage, wann die postkommunikative Phase endet und die präkommunikative Phase anfängt. Eigentlich befindet sich der Rezipient so lange in der postkommunikativen Phase, bis er sich dazu entscheidet, eine neue Kommunikation zu beginnen. Somit entsteht zwischen diesen beiden Phasen ein fließender Übergang, so dass man nicht sagen kann, die Ebene der Erinnerung endet mit dem Beginn der präkommunikativen Phase.

kommunikative Phase der selektiven Zuwendung, so wird damit lediglich sichergestellt, dass ein Medienkontakt stattfindet. Die Intensität oder Länge des Kontaktes, als Prozesse der kommunikativen und postkommunikativen Phase, werden dabei nicht beachtet. Diese Prozesse sind allerdings auch Teil der Medienselektion und als solche wichtig, da sie in einem gewissen Maße Vorläufer für neue Selektionsentscheidungen sind. D.h. Erfahrungen mit Medienangeboten und Erinnerungen an diese Erfahrungen sind starke Einflußgrößen auf zukünftige (präkommunikative) Entscheidungen und müssen deshalb in die Überlegungen einbezogen werden. Somit gehören auch solche Verhaltensweisen zur Medienselektion, die sonst eher als Mediennutzung oder Medienkonsum bezeichnet werden. „Die Nutzung bzw. der Konsum von Medienangeboten ergibt sich aus dieser Perspektive daraus, dass die Rezipienten eine Auswahlentscheidung während einer gewissen Zeitspanne aufrechterhalten bzw. wiederholen. Damit wird die Mediennutzung nicht als eigenständiges, von der Medienselektion isoliertes Phänomen, sondern als ein Bestandteil der Medienselektion verstanden" (Kunz 1995: 29f). Somit sind die verschiedenen Phasen auch zeitlich miteinander verbunden, d.h. jede Phase hat ihren Einfluß auf die anderen.[43]

Dieses Modell lässt sich grundsätzlich auf das Internet übertragen. Allerdings muss es wegen der Verknüpfung der verschiedenen Onlinemedien in einem Übertragungsmedium (s. Kap. 2.1) modifiziert werden. Die Phasen der Prä- und Postkommunikation gehen beim Internet fließend ineinander über. Ein einziger Mausklick ist ausreichend, um vom Medium WWW zum Medium Email zu wechseln, und somit einen neuen Kommunikationsprozess zu beginnen. Dies macht es unmöglich zu entscheiden, ob sich der Rezipient noch in der post- oder schon in der präkommunikativen Phase befindet. Deshalb erscheint es sinnvoll für die Nutzung des World Wide Web, den zeitlichen Ablauf der Selektionsphasen, anders als in den Modellen für die klassischen Medien, als Kreislauf darzustellen.[44]

---

[43] Gleiches gilt auch für die verschiedenen Ebenen der Medienselektion. Der Auswahlprozess kann auf einer oder mehreren Ebenen einsetzen und in einer unterschiedlichen Reihenfolge ablaufen, bis mit Beginn der kommunikativen Phase ein Medienkontakt auf allen Ebenen hergestellt worden ist.

[44] Wirth/Schweiger (1999: 50) vernachlässigt diesen Gedanken in seiner Kategorisierung der Selektionsprozesse im WWW.

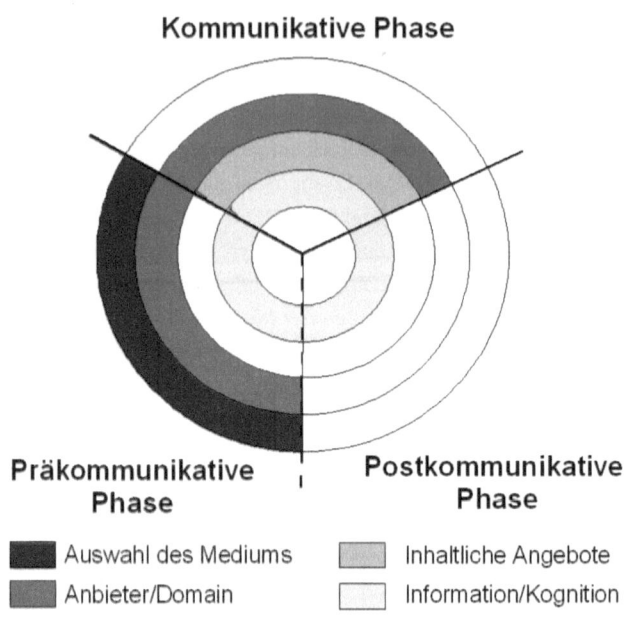

Abbildung 3.2: Ebenen und Phasen der Selektion im WWW

Wie in Abbildung 3.2 dargestellt, muss sich der Rezipient in der Ebene der Medienauswahl zuerst entscheiden, ob er das WWW oder ein anderes Medium (klassische Massenmedien, andere Online-Medien) nutzen möchte.[45] Dies geschieht in der präkommunikativen Phase. Im Gegensatz zu den klassischen Medien fällt die zweite Selektionsebene, die Auswahl eines Anbieters, beim WWW sowohl in die prä- als auch in die kommunikative Phase. Wenn man davon ausgeht, dass bei klassischen Massenmedien ein Anbieter- oder Senderwechsel bewußt vorgenommen wird, so ist diese Situation im WWW nicht immer gegeben.

An dieser Stelle ist es notwendig den Begriff *Anbieter* bzw. *Sender* für das WWW zu definieren. Im WWW gibt es in dem Sinne keine „Programmanbieter" wie sie aus dem audiovisuellen Medienbereich bekannt sind.

Dennoch kann von Anbietern gesprochen werden, wenn man berücksichtigt, dass unter jeder Domainadresse eine Organisation, eine Person oder ein Unternehmen ein bestimmtes Angebot zur Verfügung stellt. Somit stellt jede Domainadresse ein Angebot dar. Das wiederum heißt, dass ein Domainwechsel mit einem Anbie-

---

[45] Voraussetzung hierfür ist, dass er sich grundsätzlich einer medialen Tätigkeit zuwenden möchte.

terwechsel gleichzusetzen ist. Da ein Domainwechsel für den Nutzer nicht immer nachvollziehbar ist, kann nicht davon ausgegangen werden, dass er immer bewußt vorgenommen wird. Außerdem kann ein solcher Wechsel auch häufig während der kommunikativen Phase stattfinden („Anklicken" eines Links). Deshalb ist es empfehlenswert, die zweite Selektionsebene im Selektionsmodell sowohl in die prä- als auch in die kommunikative Phase zu legen. Während die Selektionsebene der Beiträge in die kommunikative Phase fällt, muss die Ebene der Informationen/Kognitionen wiederum auf alle Selektionsphasen verteilt werden. Sicherlich findet die Wahrnehmung in der kommunikativen Phase statt. Die Erinnerung bzw. die kognitiven Prozesse können jedoch, gerade aufgrund der schwer trennbaren post- und präkommunikativen Phasen, zu jeder Zeit stattfinden. Unter dem Begriff der *Selektion im WWW* werden in dieser Arbeit alle Ebenen außer der der Medienauswahl subsummiert.

3.3 Verschiedene Arten der Selektion

Die Medienselektion ist ein repetitives Wahlverhalten, das von der frühsten Kindheit bis zum hohen Alter immer wieder ausgeführt wird. Für dieses Verhalten werden unterschiedliche Mechanismen angenommen. So unterscheiden Sheth/Raju (1974) habituell, durch Neuartigkeit, situativ und durch Alternativmerkmale kontrollierte Wahlmechanismen, die sequentiell und zyklisch miteinander verbunden sein können (s. Abb. 3.3).

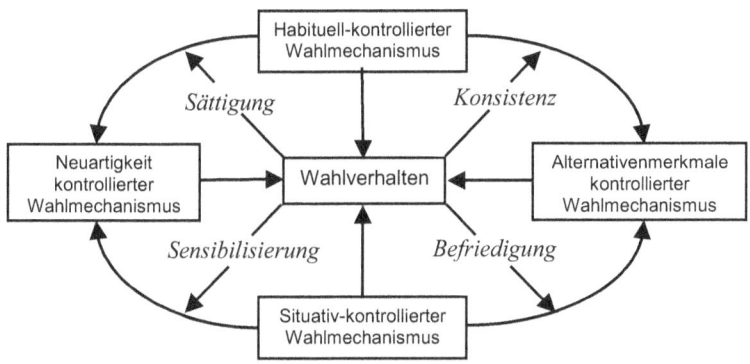

Abbildung 3.3: Typologie von Wahlmechanismen zur Erklärung repetitiven Wahlverhaltens nach Sheth/Raju (1974)
(Quelle: Doll/Hasebrink: 46)

Der habituell kontrollierte Wahlmechanismus erfasst die Medienselektion der Rezipienten aufgrund bereits gemachter Erfahrungen. Der durch Neuartigkeit kontrollierte Wahlmechanismus ist durch die unspezifische Motivation des Kennenlernens von Neuartigem gekennzeichnet. Der situativ kontrollierte Wahlmechanismus impliziert die Abhängigkeit der Medienselektion von externen Faktoren (Rezeptionssituation, Medienangebot), und der durch Alternativmerkmale kontrollierte Wahlmechanismus basiert auf einer Evaluation der vorhandenen Angebote mit anschließender Auswahl der bestmöglichen Alternative seitens der Rezipienten.

Die Medienselektion kann bewußt geplant und ausgeführt werden, sie kann aber auch unbewußt, spontan und mechanisch ablaufen. In diesem Fall findet sie fernab von bewußten Kontrollprozessen statt. Die Zuwendung von Rezipienten zu Artikeln, farbigen Titeln und Bildern, zu Fernseh- und Radiobeiträgen mit auffallenden Ton- und Bildsequenzen etc. sind Beispiele für solch eine unbewußte Selektion. Als ein Beispiel für die bewußte Auswahl von Medieninhalten sei hier das Einschalten einer Fernsehsendung aufgrund des ausgiebigen Studiums einer Fernsehzeitschrift genannt. Vor dem Hintergrund der verschiedenen Arten der Selektion definiert Donsbach (1991) diesen Begriff in der sozialen (personalen und medialen) Kommunikation als einen Prozess,

> *„in dem Individuen aus den ihnen in ihrer Umwelt potentiell zur Verfügung stehenden Signalen mit Bedeutungsgehalt aufgrund von deren physischen oder inhaltlichen Merkmalen bestimmte Signale bewußt oder unbewußt auswählen oder vermeiden"* (Donsbach 1991: 28).

3.4 Klassische Selektionstheorien und ihre Bedeutung für die Neuen Medien

Über das grundsätzliche Navigationsverhalten von WWW-Nutzern gibt es im Gegensatz zu den traditionellen Medien bis jetzt (abgesehen von Logfile-Analysen) erst wenige Studien. Diese befassen sich dann meistens mit dem Navigationsverhalten im WWW in Abhängigkeit von Informationsbeschaffungsaufgaben. Für diesen Forschungsansatz bietet sich der bei den klassischen Medien vielbeachtete *Uses and Gratifications Approach* zur Erklärung an.

Der Uses and Gratifications Approach kehrt die klassische Fragestellung „Was machen die Medien mit den Menschen?" aus der Stimulus-Response-Theorie quasi um und fragt: „Was machen die Menschen mit den Medien?". Dabei werden die Medienempfänger nicht als passive Glieder, sondern als aktive Teilnehmer im Prozess der Massenkommunikation betrachtet. Der Uses and Gratifications Approach geht davon aus, „dass die Rezipienten aus verschiedenen Motiven, Erwartungshaltungen und Bedürfnissen heraus die Massenmedien nutzen und sich von Mediennutzung aus Gratifikationen erwarten (sowie den rezipierten Inhalten auch Bedeutung beimessen)" (Pürer 1990: 108).

Zu beachten ist hierbei, dass sich Menschen aus ganz unterschiedlichen Gründen ein und demselben Medium bzw. Medieninhalt zuwenden und somit auch ganz unterschiedliche Gratifikationen (Belohnungen) erlangen können.[46] „In the mass communication process much initiative in linking need gratification and media choice lies with the audience member" (Katz/Blumler/Gurevitch 1974: 21). Die folgende Darstellung der Kernthesen des Ansatzes vom aktiven Publikum ist aus Burkart (1995) entnommen. Er folgt in dieser Zusammenstellung Renckstorf (1977: 15) sowie Teichert (1975: 271):

- „Das Publikum der Massenkommunikation ist als aktives Element im Massenkommunikationsprozess zu begreifen, es ist weit davon entfernt, 'passiv' zu rezipieren. Mediennutzung muss im Gegenteil als ein aktives und zielorientiertes Handeln gesehen werden;

- Die Zielgerichtetheit des Rezipienten-Handelns resultiert nicht einfach aus bestehenden Prädispositionen (Einstellungen) und normativen Erwartungen, sondern erklärt sich aus dem Zustand der individuellen menschlichen Bedürfnislage; die Massenmedien und ihre Inhalte stellen eine Möglichkeit der Bedürfnisbefriedigung dar;

- Die Massenmedien stehen als Möglichkeit der Bedürfnisbefriedigung allerdings in unmittelbarer Konkurrenz zu anderen Gratifikationsinstanzen (wie etwa Primärgruppen), d.h. Mediennutzung stellt nur eine von mehreren Handlungsalternativen dar, die als potentiell funktional äquivalent angesehen werden müssen" (Burkart 1995: 213f).

Demnach wird der Rezipient dargestellt, als würde er seine Entscheidungen aufgrund rationaler Überlegungen treffen. Bezogen auf das WWW würde dies bedeuten, dass er alle Informationen und Verknüpfungen vollständig wahrnimmt, über sämtliche Handlungsmöglichkeiten informiert ist und seine Urteile und Meinungen anhand logischer Kriterien ableitet und begründet. Der Nutzer wird

---

[46] Burkart hat dafür das folgende Beispiel: „So könnten z.B. zwei Menschen aus ein und demselben Fernsehkrimi verschiedene 'Gratifikationen' beziehen: Der eine hofft, Details seiner Stadt wiederzusehen, in der er den letzten Urlaub verbracht hat, der andere schaut den Film nur an, um am darauffolgenden Tag in Gesprächen am Arbeitsplatz 'mitreden' zu können" (Burkart 1995: 213).

in diesen Modellen „als selbstbestimmte, autonom entscheidende und nur der Maximierung seines Nutzen verpflichtete Instanz im Kommunikationsprozess charakterisiert. Die Möglichkeit einer Beeinflussung oder Lenkung des 'Clickstreams' durch mediale Faktoren wird nicht bedacht" (Wirth/Brecht 1998: 154). Somit zeigt sich, dass der Uses and Gratifications Approach auch im Bereich der Neuen Medien sein Kritikpotential beibehält.[47] Es stellt sich an dieser Stelle die Frage, welche anderen Modelle aus dem traditionellen Medienbereich zur theoretischen Erklärung des Navigationsverhaltens im World Wide Web beitragen können.

Aus dem Bereich der kognitiv orientierten Ansätze (Agenda Setting Approach, Knowledgegap-Hypothese etc.) scheint „lediglich" die Schema-Theorie (vgl. u.a. Brosius 1991) einen solchen Beitrag leisten zu können. Im Gegensatz zu anderen Theorien aus diesem Forschungsbereich geht sie nicht von den Merkmalen der Medienangebote, sondern von den Rezipienten aus. Unter der Annahme, dass Rezipienten nur beschränkt fähig und willens sind, (neue) Informationen aufzunehmen, postuliert diese Hypothese, „dass Menschen aufgrund von zurückliegenden Erfahrungen bestimmte Wissensstrukturen oder Organisationsformen des Wissens entwickeln, die sie dazu einsetzen, (neue) Informationen auszuwählen, aufzunehmen und einzuordnen" (Kunz 1995: 125). Vor dem Hintergrund der dezentralen Strukturen und der daraus resultierenden Unübersichtlichkeit des World Wide Web, wäre dies ein Erklärungsansatz für die Hypothese, dass sich WWW-Nutzer aufgrund bereits gemachter Erfahrungen Selektionsstrategien zurechtlegen, um effektiver durch das Netz navigieren zu können.

Eine weitere Forschungsrichtung, die zur Erklärung des Navigationsverhaltens im WWW beitragen könnte, sind die affektiv-motivational orientierten Ansätze. Demnach können Rezipienten von verschiedenen Medienangeboten unterschiedlich stark aktiviert werden und diese Aktivierung positiv oder negativ bewerten. Bei einer positiven Bewertung versuchen die Rezipienten den Kontakt aufrechtzuerhalten bzw. zu wiederholen, bei einer negativen Bewertung tendieren sie dazu, den Kontakt abzubrechen und zukünftig zu vermeiden (Kunz 1995: 132).

Übertragen auf das WWW würde dies bedeuten, dass WWW-Nutzer z.B. bestimmten Linkstrukturen folgen, von denen sie besonders stark aktiviert werden und andere Linkstrukturen meiden. Die Aktiviertheit kann dabei von verschiede-

---

[47] Zur Kritik am Uses and Gratifications Approach in Bezug auf die klassischen Medien vgl. insbesondere die Erwiderungen zu Palmgreen von Merten (1984), Ronge (1984) und Schönbach (1984). Weinreich (1998: 132ff) widerlegt diese Kritik in seiner Abhandlung „Nutzen- und Belohnungsstrukturen computergestützter Kommunikationsformen".

nen Faktoren abhängig sein. Zum einen kann die Gestaltung der Links und Banner zu einer gesteigerten Aktiviertheit beitragen, zum anderen kann dieser Prozess auch auf inhaltlicher Ebene stattfinden.

Zu diesen Ansätzen kann auch die Involvementtheorie gezählt werden. Allerdings gibt es für diesen Begriff keine übereinstimmende Definition. Während Foscht (1998: 58) Involvement als inneres Engagement oder Ich-Beteiligung bezeichnet, zitieren Kroeber-Riel/Weinberg (1996: 360) Zaichkowsky (1985: 34), dessen Definitionskern von Involvement „a persons´s perceived relevance of the object based on inherent needs, values and interests" betont. Beim Involvement handelt es sich, so Kroeber-Riel weiter, „um ein nicht beobachtbares, hypothetisches Konstrukt, das einen Zustand der Aktiviertheit kennzeichnet, von dem das gedankliche Entscheidungsengagement abhängt".

Die Stärke der Involviertheit wird mit den dichotomen Merkmalen *high* und *low* beschrieben. Bei hohem Involvement (*high involvement*) setzt sich der Rezipient kognitiv und emotional stark mit seiner Entscheidung auseinander. Bei geringem Involvement (*low involvement*) muss zwischen starker und schwacher emotionaler Ich-Beteiligung differenziert werden. Ist das emotionale Involvement schwach, so liegt der einfache Fall des reizgesteuerten, reaktiven Entscheidungsverhalten vor. Ist es hoch, hat man den Sonderfall von geringen kognitiven Aktivitäten zusammen mit starken Emotionen, der als impulsives Handeln bezeichnet werden kann (vgl. Kroeber-Riel/Weinberg 1996: 360f). Alle Definitionen bezeichnen Involvement jedoch als einen Zustand von Aktiviertheit, Interesse oder Motivation.

Involvement kann auf drei verschiedenen Ebenen definiert werden. Man unterscheidet zwischen personenspezifischen Faktoren (persönliches Involvement), situationsspezifischen Faktoren (situatives Involvement) und stimulusspezifischen Faktoren (reizabhängiges Involvement). Das *persönliche* Involvement bezeichnet den Zusammenhang zwischen der persönlichen Betroffenheit und der Einstellung zu einem Objekt oder einer Aktion. Das *situative* Involvement hingegen beschreibt den Einfluß kurzfristiger situationsabhängiger Faktoren auf das Verhalten. Friedrichsen (1998: 211) führt in diesem Zusammenhang Informationsüberlastung oder allgemeinen Streß als Beispiele für mögliche negative Einflußgrößen, die von der eigentlichen Information ablenken können, an.

Das *reizabhängige* Involvement wiederum benennt die Wirkung von externen Reizen auf das Verhalten eines Individuums.[48] Für den Navigationsvorgang im

---

[48] Dieser Form des Involvement wird gerade in der Marketingkommunikation (Markeninvolvement) ein hoher Stellenwert zugeschrieben.

WWW scheint allerdings nur das persönliche Involvement interessant zu sein. Vor dem Hintergrund der Tatsache, dass die Nutzung des WWW als ein aktiver Vorgang seitens der Rezipienten anzusehen ist, bei dem sie selbst entscheiden können, welche Inhalte sie sich anschauen möchten, liegt die Vermutung nahe, dass sie sich nur solchen Inhalten zuwenden, die sie auch interessieren. Dieses Interesse an bestimmten Inhalten setzt voraus, dass sie sich auf der emotionalen und kognitiven Ebene mit diesen Inhalten schon einmal auseinandergesetzt haben. Demzufolge ist die Involviertheit sehr hoch. Dies wiederum würde die Hypothese rechtfertigen, dass sich Rezipienten im WWW nur solchen Inhalten zuwenden, bei denen die Bedingung des high involvement gegeben ist. Spätestens an dieser Stelle wird deutlich, dass verschiedene Theorieansätze aus der klassischen Kommunikationswissenschaft einen Beitrag zur Erklärung des Nutzungs- und Navigationsverhaltens im WWW leisten können. Es gibt keinen allgemeingültigen Ansatz.

4 Selektion im Internet als Problemstellung

4.1 Substitution und Komplementarität von Medien

Betrachtet man die Prognosen des Medienverhaltens für das nächste Jahrtausend, so sieht man ein Rezipientenbild, das von Individualität, Aktivität und Selektivität gekennzeichnet ist. Der Rezipient stellt sich aus einer Vielzahl von verschiedensten Angeboten seinen persönlichen, auf ihn zugeschnittenen Medienmix zusammen. Begründet werden diese Prognosen mit der Verbreitung der neuen, digitalen Medien, insbesondere mit dem Internet. Doch welche Prozesse müssen ablaufen, bis ein neues Medium wie das WWW von der Mehrheit der Gesellschaft adoptiert und konsumiert wird?[49]

Bisher verhielt es sich nach Riepls Gesetz, dass Medien „wenn sie nur einmal eingebürgert und für brauchbar befunden worden sind, auch von den vollkommensten und höchst entwickelten niemals wieder gänzlich und dauerhaft verdrängt und außer Kraft gesetzt werden" (Hagen 1998: 105) können. So wurden Printmedien nicht durch das Radio ersetzt, das Radio nicht durch den Fernseher. Allerdings bewirken die jeweils neuen Medien Veränderungen im Nutzungsverhalten sowie in der Gestaltung der älteren Medien. Somit ist die Frage berechtigt, welche Auswirkungen die Etablierung von Online-Medien auf die anderen Massenmedien hat und ob die Veränderungen alle oder nur einige Medien betreffen. Dazu sollen zunächst die Begriffe *Mediensubstitution* und sein Pendant, *Komplementarität*, erklärt werden.

Unter *Substitution* versteht man in der Mikroökonomie „die ökonomisch motivierte Ersetzung eines Gutes durch ein anderes im Konsum eines Individuums beziehungsweise seines Haushaltes" (Hagen 1998: 107). Diese Ersetzung muss nicht vollständig sein, sondern kann sich auf eine Verschiebung des Konsums beschränken. Dabei muss die Annahme der Nachfragetheorie berücksichtigt werden, dass Konsum eine Folge rationaler Entscheidungen, mit dem Ziel der Nutzenmaximierung, ist. Hierfür wird in der Regel das Beispiel einer Preisänderung genannt. Wenn also zwei Güter zumindest ansatzweise denselben Nutzen haben, und sich bei einem Gut der Preis ändert, kann dies zu einem Austausch der beiden Güter führen (Substitutionseffekt). Bezogen auf die Mediennutzung erscheint es sinnvoll, den Aspekt der rein monetären Kosten durch den Aspekt des Zeitaufwands seitens des Rezipienten zu ergänzen, da Zeit für die Freizeitgestaltung nicht unbegrenzt zur Verfügung steht, d.h. die Mehrnutzung des einen Mediums zur Mindernutzung des anderen Mediums führen kann.

---

[49] Diese Frage ist vor dem Hintergrund des begrenzten Zeitkontingents der Rezipienten zu verstehen.

Von *Komplementarität* spricht man, wenn der Nutzen eines Gutes durch den Gebrauch eines anderen Gutes entsteht. „Zwei Güter sind komplementär, wenn der Gebrauch des eines Gutes den des anderen voraussetzt oder bedingt. Die Mehrnutzung des einen führt also tendenziell zur Mehrnutzung des anderen" (Hagen 1998: 107). Demnach ist Komplementarität das Gegenteil von Substitution. Als Beispiel im Bereich der Medien werden in diesem Zusammenhang Fernsehprogramme und Fernsehzeitschriften herangezogen. Ein Komplementaritätseffekt zweier Güter führt bei gleichen Ressourcen und Preisen jedoch immer zu einer Mindernachfrage eines dritten Gutes. Wenn also beispielsweise der Fernsehkonsum und als Folge daraus die Nutzung von Programmzeitschriften steigen, müssen dafür entweder andere Medien eine Mindernutzung erfahren oder die Gesamtdauer der Mediennutzung ausgedehnt werden. Dies geht aber auf Kosten anderer Tätigkeiten.

Ob sich nun Substitutions- oder Komplementäreffekte der Online-Medien ergeben, kann am besten anhand der Nutzungsdauer und -wahrscheinlichkeiten untersucht werden. Zu diesem Zweck hat Hagen (1998) eine Sekundäranalyse zweier zentraler Studien zum Mediennutzungsverhalten (Studie Massenkommunikation 1995, Typologie der Wünsche 1997/98) durchgeführt. Darin kommt er zu dem Ergebnis, dass die Effekte der Online-Nutzung auf die Nutzung klassischer Massenmedien eher gering ausfallen. Damit werden Ergebnisse anderer Studien bestätigt (Coffey/Stipp 1997; Bromley/Bowles 1996). Dennoch bleibt die Nutzung von Online-Medien für die traditionellen Massenmedien nicht folgenlos. So zeigen sich Komplementaritätseffekte beim Radio und bei bestimmten Publikumszeitschriften (z.B. Computerfachzeitschriften) sowie Substitutionseffekte bei Tageszeitungen und insbesondere beim Fernsehen.

Die Effekte auf die Fernsehnutzung interpretiert Hagen als Zeiteffekt. „Sofern sich das gesamte Zeitbudget für die Mediennutzung nicht nennenswert ausdehnen läßt, ist es plausibel, dass die in den Online-Netzen verbrachte Zeit vor allem auf Kosten der Fernsehdauer geht" (1998: 118). Als Begründung nennt er die Nutzung beider Medien zu einer ähnlichen Tageszeit. Online-Medien werden privat hauptsächlich am Abend zwischen 18 und 22 Uhr genutzt.[50] Die Prime-Time des Fernsehens liegt auch in diesem Bereich und ist somit vergleichbar.

Zu einem ähnlichen Ergebnis kommen van Eimeren et al. auch in der ARD/ZDF-Online-Studie 1999. Demnach liegt die Hauptnutzungszeit von Online-Medien zwischen 18 und 21 Uhr (s. Abb. 4.1). Weiterhin gehen 96% der Befragten davon

---

[50] Dafür gibt es zwei plausible Gründe. Zum einen gehen die Nutzer tagsüber ihrer Arbeit nach und zum anderen verringern sich in dieser Zeit die Telefonkosten drastisch.

aus, in Zukunft noch mehr Zeit im Netz zu verbringen. Knapp die Hälfte (45%) von ihnen rechnet damit, dass dies auf Kosten der Fernsehnutzung gehen wird. Bei der konkreten Frage nach der Nutzung anderer Medien an diejenigen, die zu Hause über einen Online-Anschluss verfügen, geben immerhin 28% an, dass sie seitdem weniger fernsehen[51]. Dies veranlaßt die Autoren zu dem Schluß, dass aus dem Blickwinkel des Zeitbudgets betrachtet „Online und Fernsehen bereits heute Alternativ-, sprich konkurrierende Medien" (van Eimeren et al. 1998: 431) sind.

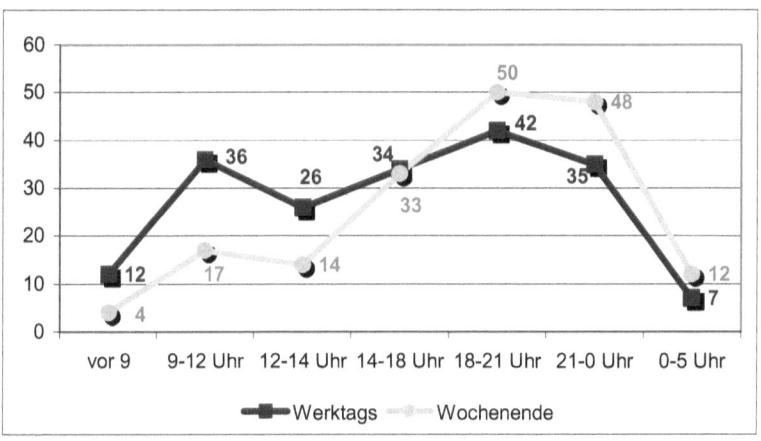

Abbildung 4.1: Angaben zur Onlinenutzung im Tagesverlauf (in %)
(Quelle: ARD/ZDF-Online-Studie 1999: 408)

Vor diesem Hintergrund läßt sich zusammenfassend sagen, dass Online und Fernsehen im Moment noch als Komplementärmedien betrachtet werden können. Es ist aber anzunehmen, dass sich der Trend zum Substitutionseffekt verstärken wird. Ob es allerdings zu einer vollständigen Verdrängung der klassischen Massenmedien aufgrund der Online-Medien kommen wird, scheint jedoch fraglich, so dass sich Riepls Gesetz erneut zu bestätigen scheint[52] (Hagen 1998: 121).

---

[51] Weiterhin geben 9% an weniger Radio zu hören und 14% weniger zu Lesen. In der ARD/ZDF-Online-Studie 2001 bestätigt sich dieser Trend. Ein Viertel der Befragten Online-Nutzer gibt hier an, weniger fern zu sehen, seitdem sie zu Hause einen Internetzugang besitzen.
[52] Zumindest solange bis die klassischen Massenmedien mit den Computernetzen auf dem Wege technischer Konvergenzen verschmelzen, womit laut Stipp (1998:77) aber erst mittelfristig (2005) zu rechnen ist.

4.2 Der aktive Rezipient

Einen weiteren Ansatzpunkt für einen Vergleich der verschiedenen Massenmedien bietet die Aktivität bzw. Passivität der Rezipienten. Interaktivität heißt das „Zauberwort". Sie wird dafür sorgen, dass jeder ständig etwas zu entscheiden hat. Diesen Tenor kann man zumindest aus vielen Visionen und Prognosen für die nächsten Jahre entnehmen. Allerdings sind diese Ansichten nicht lange ohne Kritik geblieben. Mit beiden Aspekten beschäftigt sich dieser Abschnitt.

4.2.1 Selektionsentscheidungen in den Massenmedien

Bei dem Versuch die Massenmedien bezüglich des Selektionsverhalten der Rezipienten objektiv zu betrachten, muss man konstatieren, dass sich die Anzahl der Auswahlmöglichkeiten der Rezipienten, wie in Abbildung 4.2. dargestellt, proportional zur Medienentwicklung vergrößert hat. Besteht bei Printmedien lediglich die Möglichkeit, die (tages-) aktuellen Ausgaben, der in dem jeweiligen Regionalgebiet erhältlichen Zeitungen, zu lesen[53], so kann man bei audiovisuellen Medien (Hörfunk/Fernsehen) je nach Wohnort und technischer Ausstattung (Antennen-, Kabel- oder Satellitenanschluß, D-Box etc.) zwischen verschiedenen Programmangeboten auswählen.

Genau genommen muss die Entwicklung beim Hörfunk und Fernsehen in verschiedene Abschnitte unterteilt werden. Der erste Abschnitt läßt sich von der Entwicklung des Mediums bis zur Einführung des Dualen Rundfunksystems definieren. In dieser Zeit konnte der Rezipient im Normalfall aus drei Programmen auswählen, es sei denn er wohnte im Grenzbereich und konnte über die Hausantenne noch ausländische Programme empfangen. Im zweiten Abschnitt, der immer noch aktuell ist und dessen Beginn sich auf die Einführung des Dualen Rundfunksystems datieren läßt, besteht für den Rezipienten eine Auswahlmöglichkeit von rund 35 Programmen. Im Zuge der aufkommenden Spartenkanäle kann er sich sein „Lieblingsprogramm" zusammenstellen. Vor diesem Hintergrund muss noch ein dritter Abschnitt bestimmt werden – die Ära des digitalen Fernsehens. Mit dieser Technik, die sich, was Abonnentenzahlen betrifft, zuge-

---

[53] Eine Sonderstellung muss hierbei jedoch dem Zeitschriftenmarkt zugeschrieben werden. In den vergangenen Jahren erfolgte eine dermaßen starke Spezialisierung, dass man heute fast zu jedem Thema (insbesondere Medien, Computer, Internet etc.) aus einer Vielzahl von Angeboten auswählen kann. Diese Entwicklung erfolgte allerdings erst sehr viel später als die Entwicklung des Mediums selbst. Gerade was den Bereich der Medienzeitschriften betrifft, ist diese Multiplikation des Angebotes auf die Entwicklung der neuen Medien zurückzuführen. Somit soll verdeutlicht werden, dass der Zeitschriftenmarkt in der Abb. 4.2 keineswegs vergessen, sondern aufgrund seiner Sonderstellung bewußt ausgenommen wurde.

gebener Maßen noch im Anfangsstadium befindet, kann sich der Nutzer sein persönliches „Wunschprogramm" zusammenstellen. Mit Features *wie Pay per View* oder *Video on demand* ist er dabei nicht nur zeitunabhängiger geworden, sondern er muss auch nur für das bezahlen, was er sehen möchte.

Damit ist fast ein fließender Übergang zu den Online-Medien und hier im speziellen zum World Wide Web geschaffen. Denn dort stehen dem Nutzer alle Angebote jederzeit auf der ganzen Welt zur Verfügung. Abgesehen vom Kostenfaktor gibt es für ihn keine Beschränkungen. Er ist nicht darauf angewiesen, zu einer bestimmten Uhrzeit an einem bestimmten Ort zu sein, um die für ihn interessanten Informationen abrufen zu können. Und nicht nur das. Durch die Integration weiterer Online-Medien wie Chat oder Email in das WWW besteht für den Nutzer die Möglichkeit aus einem noch größeren medialen Angebot auszuwählen.

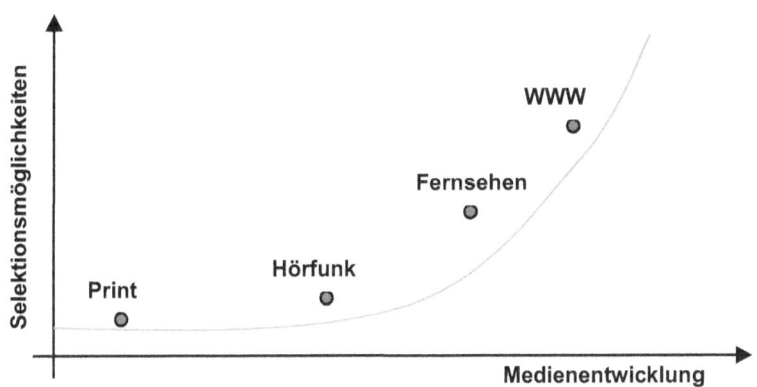

Abbildung 4.2: Selektionsmöglichkeiten im Verlauf der Medienentwicklung

Doch neben der Zunahme der Selektionsmöglichkeiten gibt es noch einen weiteren entscheidenden Einfluß auf das Nutzungsverhalten – die Abnahme der Selektionsschwelle. Im Verlauf der Medienentwicklung ist es für den Rezipienten immer einfacher geworden, eine zuvor getroffene Selektionsentscheidung zu revidieren und sich umzuentscheiden. Ist der Rezipient bei Printmedien nicht mit dem ihm zur Verfügung stehenden Angebot zufrieden, besteht für ihn nur die Möglichkeit, sich einem anderen Printmedium zuzuwenden. Sofern er nicht mehrere Medien abonniert hat, ist dies mit einem erheblichen Aufwand verbunden. Er muss sich zum nächsten Kiosk aufmachen und eine neue Zeitschrift oder Zeitung kaufen. Dies kostet nicht nur Geld sondern auch eine Menge Zeit, so dass diese Schwelle für viele Rezipienten zu hoch ist.

Bei den audiovisuellen Medien Hörfunk und Fernsehen sieht das schon anders aus. Dort stehen dem Nutzer mehrere parallel laufende Angebote zur Verfügung.

Ist er mit dem ausgewählten Programm nicht zufrieden, braucht er nur auf einen Knopf entweder am Gerät oder auf der Fernbedienung zu drücken und schon kann er ein neues Programm auswählen. Durch neuere Techniken, wie z.B. Bild-in-Bild-Fernsehen, besteht für ihn sogar die Möglichkeit, mehrere Programme zumindest visuell gleichzeitig zu konsumieren. Somit ist die Selektionsschwelle bei audiovisuellen Medien erheblich niedriger als bei Printmedien.

Bei der Nutzung des World Wide Web ist diese Schwelle völlig aufgehoben, da der gesamte Navigations- und Nutzungsvorgang aus einer Aneinanderreihung von Selektionsentscheidungen besteht. Der Nutzer braucht nur einen Link „anzuklicken", schon bekommt er die nächsten Informationen auf dem Bildschirm.

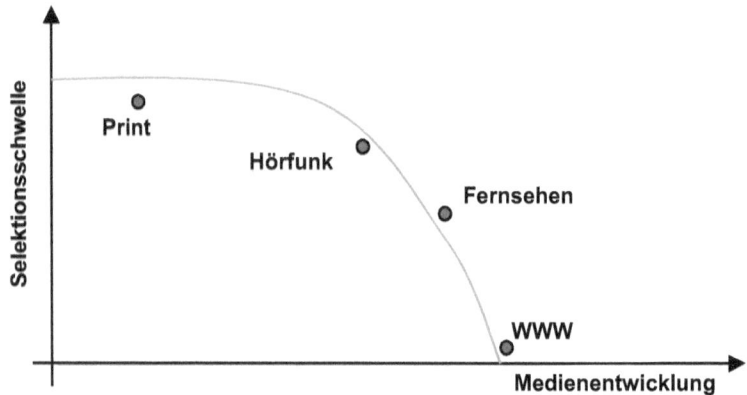

Abbildung 4.3: Selektionsschwelle im Verlauf der Medienentwicklung

Somit gibt es zwei entgegengesetzt verlaufende Entwicklungen - die Zunahme der Selektionsmöglichkeiten und die Verringerung der Selektionsschwelle. Wenn man diese beiden Verläufe, wie in Abbildung 4.4 geschehen, zusammenfasst, spannt sich ein Raum auf, der im folgenden als Aktivitätsspanne bezeichnet wird. Diese Aktivitätsspanne beschreibt die Diskrepanz zwischen Selektionsmöglichkeiten und Selektionsschwelle, die im Prozess der Medienentwicklung fortlaufend größer geworden ist und zukünftig noch größer werden wird. Die Überprüfung zuvor getroffener Selektionsentscheidungen und eine daraus eventuell resultierende Umentscheidung wird dem Rezipienten immer einfacher gemacht. Gleichzeitig wird der Rezipient vor ein immer größeres Angebot gestellt, so dass er quasi zu einer höheren Aktivität „gezwungen" wird, um sich einen Überblick darüber zu verschaffen und aus dem Angebotenen auswählen zu können.

4.2.2 Das hyperaktive Publikum

Es gibt viele kritische Stimmen, wenn es um die bereits angesprochenen Visionen der Mediennutzung im nächsten Jahrtausend geht. Einer der Hauptkritiker in diesem Zusammenhang ist Klaus Schönbach. In seinem Aufsatz „Das hyperaktive Publikum – Essay über eine Illusion" vertritt er die These, dass „das Medienpublikum – also nicht die Leute, die einander schreiben wollen, die spielen, einkaufen oder lernen wollen - (...) sich gemeinhin eben nicht auf einem Suchbaum vorwärtsbewegen oder 'hyperlinks' aktivieren [will]. Es will eben nicht ständig Entscheidungen treffen" (Schönbach 1997: 280f).

Würde man jedoch diese Aussage so im Raum stehen lassen, bekäme man ein völlig falsches Bild vom Anliegen Schönbachs. Er bestreitet nicht, dass der Rezipient, wenn er es möchte, sehr aktiv sein kann. In diesem Falle bestehen für ihn Möglichkeiten, sich an virtuellen Gemeinschaften, interaktiven Computerspielen oder an der Informationssuche im WWW zu beteiligen. Vielmehr geht es Schönbach darum aufzuzeigen, dass die klassischen Massenmedien Print, Hörfunk und TV vorläufig Bestand behalten, da ein guter Teil der Entspannung seitens der Rezipienten passiv ist, im Sinne von: „dafür notwendige Handlungsentscheidungen auf ein Minimum beschränken. (...) Diese passive Entspannung ist auch nicht schaler Ersatz für aktive Freizeitgestaltung. Sie ist eine 'Primäraktivität', also kein funktionales Äquivalent für etwas Authentisches und damit Besseres" (Schönbach 1997: 282).

Anders ausgedrückt: Der Mensch ist von Natur aus faul. Nicht jeder hat ein Interesse daran, seine (Medien-) Freizeit aktiv zu gestalten. Die Alltagserfahrung zeigt, dass man sich z.B. einfach vor den Fernseher setzen und berieseln lassen möchte.[54] Die Produktion und Nachrichtengebung wird anderen überlassen. Sie treffen eine Vorauswahl, bereiten die Inhalte auf und interpretieren sie entsprechend. Schönbach formuliert dies mit den Worten: „Anstrengungsfreie Entspannung, Ablenkung ohne größeren geistigen und körperlichen Aufwand" (1997: 282).

---

[54] Dies zeigt nicht nur die Alltagserfahrung. Schönbach führt auch eine Reihe von empirischen Untersuchungen an, die nahelegen, dass Medienkonsum zwar aktiv sein kann, aber häufig passiv sein will. Und das trotz der schon vorhandenen Alternativen.

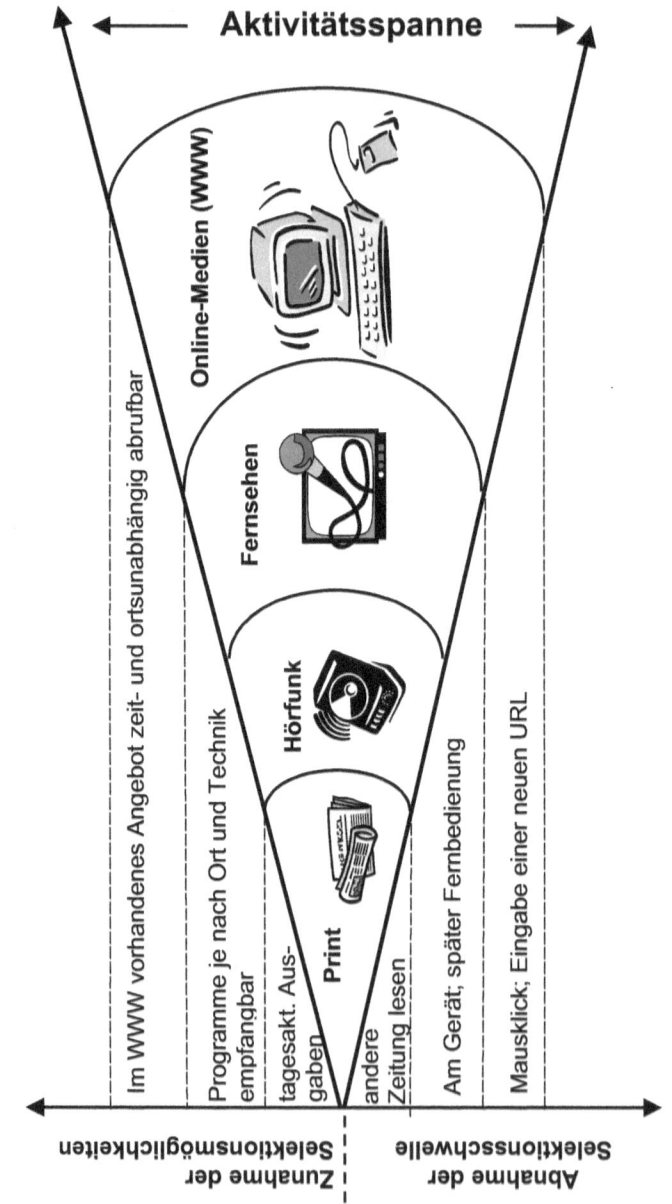

Abb. 4.4: Rezipientenaktivität und massenmediale Selektion

Schönbach geht also nicht davon aus, dass die traditionellen Massenmedien vom Markt verdrängt werden (vgl. auch. Kap. 4.1). Im Gegenteil: „Neben anderen Medien wird auch das gute alte Fernsehen überleben – und zwar nicht zu knapp. Es wird eine bessere Auflösung haben, es wird Wände füllen – aber es wird Fernsehen sein" (Schönbach 1997: 281). Es wäre also leichtfertig anzunehmen, dass sich die in Kapitel 4.2.1 dargestellte Möglichkeit zur Aktivitätssteigerung durch die Nutzung Neuer Medien auf alle Rezipientengruppen übertragen ließe.

Dennoch muss an dieser Stelle festgehalten werden, dass der Selektion auch in den klassischen Massenmedien eine immer größere Bedeutung zukommt. Auch beim traditionellen Fernsehen und Hörfunk wird die Anzahl der Programme weiter zunehmen. Das Angebot wird detaillierter und stärker auf die einzelnen Zielgruppen zugeschnitten sein (Spartenkanäle). Und warum soll es in absehbarer Zeit beispielsweise nicht möglich sein (erste Geräte dafür sind schon auf dem Markt), sich über einen Knopfdruck an der Fernbedienung des Fernsehers, jederzeit aktuell aufbereitete Nachrichten aus dem WWW anschauen zu können. In diesem Fall könnte sich der Rezipient mit demselben Aufwand wie sonst beim Umschalten auf ein anderes Programm seinen Wunschinhalten zuwenden. Würde er dann nicht schon aktiv im Sinne von „Zusammenstellung der Medieninhalte nach persönlichen Präferenzen" handeln? Und könnte man dies noch als klassisches Fernsehen bezeichnen, oder wird der Fernseher eher zum Übertragungsmedium für eine Vielzahl anderer Medien?

Dies sind Fragen, die im Moment noch nicht ausreichend beantwortet werden können und die zeigen, dass man den weiteren Verlauf der Medienentwicklung abwarten muss. Sie zeigen aber auch, um auf den Ausgangspunkt dieses Kapitels zurückzukommen, dass aus Sicht der Nutzer von TV und WWW sehr wohl eine Vergleichbarkeit zwischen diesen beiden Medien besteht, die somit einen Vergleich aus kommunikationswissenschaftlicher Sicht, wie er in Kapitel 4.5 durchgeführt und diskutiert wird, rechtfertigt. Damit diese Diskussion jedoch stattfinden kann, ist es erst einmal erforderlich das Nutzungsverhalten sowohl der Fernsehzuschauer als auch der Online-User darzustellen und zu analysieren.

4.3 Fernsehnutzung

4.3.1 Allgemeines Nutzungsverhalten

Lange Zeit ging man in der Kommunikationsforschung davon aus, „dass sich die Familie abends oder am Wochenende um das Gerät versammelt, wie sich einst die Urhorde um das Lagerfeuer gesetzt haben mag" (Krotz 1994: 505). Aufgrund dieser Vorstellung wurden extra Sendeformate angelegt (z.B. Samstagabendshows), und in den 60er und 70er Jahren gab es (neben Sportübertragungen) auch

Sendungen, die tatsächlich für leergefegte Straßen sorgten, da jeder vor dem Bildschirm saß. Dem Fernsehen wurde eine integrative Funktion zugesprochen. Heute sieht die Situation etwas anders aus. Das duale Rundfunksystem mit seinem vielfältigen Angebot führte zu einer veränderten Fernsehnutzung. Die durchschnittliche Nutzungsdauer von Erwachsenen ab 14 Jahren beträgt heute 3 Stunden am Tag (Darschin/Frank 1998: 134). Allerdings ist dieser Wert nicht allzu aussagekräftig, da die Streuung der individuellen Sehdauer meistens sehr groß ist.[55] Dies gilt allgemein für Durchschnittswerte, die auf einer Auswertung der GFK-Daten beruhen. Nicht zuletzt aus diesem Grund werden sie auch im weiteren Verlauf der Arbeit nicht weiter berücksichtigt. Im Zusammenhang mit der allgemeinen Fernsehnutzung interessieren vielmehr die Angaben zur sozialen Konstellation während der Fernsehnutzung und zum Umschaltverhalten. Dabei läßt sich feststellen, dass meistens nur eine Person vor einem Fernseher sitzt.[56] Nur ca. $^1/_3$ der Fernsehnutzung erfolgt gemeinschaftlich. Krotz (1994: 509) führt dies auf den Anstieg der Ein-Personen-Haushalte zurück. Allerdings wird auch in Zwei- oder Mehr-Personen-Haushalten geringfügig mehr allein als zusammen ferngesehen.

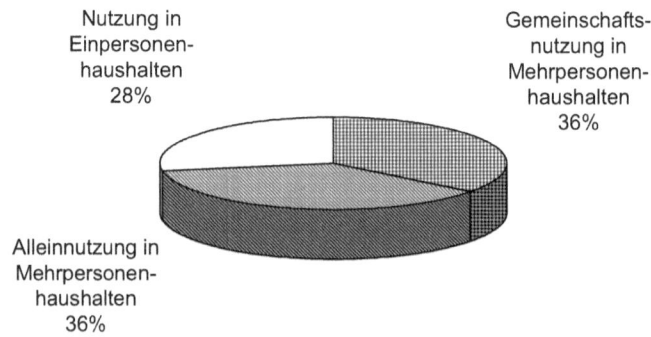

Abbildung 4.5: Fernsehnutzung nach Haushaltsgröße und Nutzungssituation
(Quelle: Krotz 1994: 509)

Das Alleinsein beim Fernsehkonsum überwiegt demnach deutlich. Krotz interpretiert dies als den Wunsch des Rezipienten, beim Fernsehen in seine persönliche Welt eintauchen zu können. Als Begründung dient ihm dazu der veränderte Angebotsstil des Fernsehprogramms. Dieses ist kleinteilig, schnell gestaltet und

---

[55] Hasebrink/Krotz (1993) ermittelten in ihrer Analyse der GFK-Daten Werte von 6 Sekunden in vier Wochen bis 12:55 Stunden pro Tag.
[56] Die Angaben beziehen sich auf die Bundesrepublik Deutschland.

„eher nicht auf eine nachvollziehende und intensive Rezeption oder gar auf begleitende interpersonale Kommunikation hin ausgerichtet" (Krotz 1994: 509), so dass der Zuschauer jederzeit in das Programm einsteigen kann. Diese Überlegung seitens der Programmanbieter ist sicherlich sinnvoll. Allerdings bedeutet sie auch, dass man schnell aus einem Programm aussteigen kann, wenn es einem nicht mehr gefällt. Und dies wird häufig genug getan. So stimmen die Seheinheiten der Fernsehnutzer (gleicher Kanal mit fortlaufender Sendung) schon lange nicht mehr mit den intendierten Seheinheiten der Programmanbieter (Sendungen bzw. Sendeteile) überein.[57] Fernsehnutzer konsumieren überwiegend Ausschnitte aus dem fortlaufenden Angebot und stricken sich somit ihr eigenes Fernsehprogramm zusammen.

4.3.2 Zapping

Damit ist man beim Phänomen des *Zapping* angelangt. Der Begriff Zapping stammt ursprünglich aus der Comicsprache („Buck Rogers") und bezeichnet dort das Beseitigen von unerwünschten oder unangenehmen Dingen oder Personen. Wenn Buck Rogers mit seiner Waffe z.B. Gegner „vaporisiert" (auflöst), dann steht in der begleitenden Sprechblase ein „ZAP". Aus diesem „ZAP" wurde im Nachhinein das Verb zappen gebildet und für das „Vernichten" von Störendem benutzt (Gehrau 1999: 151). Dabei gibt es in der Literatur unterschiedliche Auffassungen, ob damit das Umschalten allgemein oder nur das Umgehen von Werbung gemeint ist. Eine umfassende Darstellung zu diesem Thema gibt es von Niemeyer/Czycholl (1994) in ihrer Publikation „Zapper, Sticker und andere Medientypen" sowie von Ottler (1998). In beiden Publikationen werden die verschiedenen Formen und Motivationen des Zapping ausführlich beschrieben (vgl. im folgenden Niemeyer/Czycholl 1994: 39-74). Demnach kann grundsätzlich zwischen zwei verschiedenen Reinformen von Programm-Selektionsvorgängen unterschieden werden – der Programmselektion und der Werbevermeidung. Allerdings verlaufen die Trennlinien zwischen den einzelnen Umschreibungen z.T. fließend. Im wesentlichen differenziert man in der Literatur zwischen den Verhaltensweisen *Hopping, Flipping, Switching, Grazing, Zapping, Zipping, physi-*

---

[57] Die durchschnittliche Umschalthäufigkeit pro Stunde betrug 1994 in Deutschland nach einer MGM-Studie 2,5. Jedoch ist dies auch wieder nur ein Mittelwert aus einer Verteilung mit einer sehr hohen Streuung, so dass dem Wert keine allzu große Bedeutung zugemessen werden sollte. Er kann lediglich als Trendanzeiger gelten. Und der Trend geht zum häufigeren Umschalten (s. Krotz 1994).

sche und psychische Abwesenheit. Die Abbildung 4.6 versucht die Begriffe der Programmselektion bzw. der Werbevermeidung zuzuordnen.[58]

Verhalten im laufenden Programm	Verhalten bei der Werbeunterbrechung
Programm-im-Programm-Selektion (PiPS)	Werbevermeidung
Hopping Flipping Switching (Grazing)	Zapping Zipping (nur Video) Zipping mit VPS (nur Video)
Psychische Abwesenheit	Physisches Zapping

Abbildung 4.6: Taxonomie des selektiven Medienverhaltens nach Niemeyer/Czycholl
(Quelle: Niemeyer/Czycholl 1994: 39)

Unter *Hopping* verstehen Niemeyer/Czycholl alle gezielt vollzogenen Umschaltvorgänge im laufenden Programm, die das Ziel haben, aus der Multioption des Programmangebotes mehr als ein Programm gleichzeitig zu verfolgen. Besondere Merkmale des Hoppers sind die systematische Vorgehensweise und zumindest der Versuch, durch etwas längeres Verweilen auf einem Kanal inhaltliche Zusammenhänge zu begreifen.[59]

Flipper (to flip: schnippen, knipsen, umherflitzen) hingegen schalten ihr Fernsehgerät ein, ohne vorher zu wissen, was sie eigentlich schauen möchten. Es findet bei ihnen keine Programmselektion via Programmzeitschrift oder ähnlichem statt. Sie verschaffen sich zu Beginn ihres Fernsehkonsums einen Überblick über das Angebot, um sich dann ein Programm auszuwählen. Haben sie ein Programm gefunden, verringert sich die Umschaltrate, bis sie wieder ein neues interessantes Programm suchen.[60] Niemeyer/Czycholl definieren in diesem Zusammenhang noch die Gruppe der *Nicht-Flipper*. Diese Gruppe ist sozusagen das Gegenteil

---

[58] An dieser Stelle muss hinzugefügt werden, dass unter dem Begriff *Zapping* immer ein aktiver Vorgang verstanden wird, der eine Veränderung in der Programmauswahl bewirkt. D.h. das Verweilen auf einem Sender mit dem Ziel, zwei aufeinanderfolgende Sendungen zu sehen, kann nicht als Zapping bezeichnet werden, da dies kein aktives Umschalten seitens des Zuschauers darstellt.

[59] In der Studie „How American watch TV: A Nation of Grazers" aus dem Jahre 1989 gaben 10,8% der Befragten an, dass sie mehr als ein Programm verfolgen möchten, 25%, dass sie mehr als ein Programm verfolgen können und 13%, dass sie sogar drei bis vier Programme gleichzeitig konsumieren können (Niemeyer/Czycholl 1994: 41).

[60] Nach einer Studie von Yorke/Kitchen (1985) steigen 32% der Amerikaner über das Flipping in das Fernsehen ein. 49% hingegen wählen ein Programm aus, bevor sie ihr Gerät einschalten. (ebenda: 42).

eines Flippers, d.h. es wird seitens des TV-Nutzers ein Programm gezielt eingeschaltet (entweder mit Hilfe einer Programmzeitschrift – *Typ 1* oder ohne - *Typ 2*).

Beim *Switching* besteht das Ziel darin, ein besseres Programm als das gerade eingeschaltete zu finden. Dabei wird mit der Fernbedienung zwischen allen Kanälen hin- und hergeschaltet, so dass nicht mehr eine Sendung von Anfang bis Ende angeschaut, sondern im Extremfall in alle parallel laufende Sendungen hineingeschaltet wird.[61] Der Begriff *Grazen* kann als Synonym zum Begriff Switchen angesehen werden. Unter *psychischer Abwesenheit* verstehen die Autoren ein geringes Medieninvolvement, i.s. von beobachtbaren und nicht beobachtbaren Verhaltensweisen von Zuschauern, die das Fernsehen als Begleitmedium für andere Tätigkeiten nutzen (schlafen, kochen, bügeln, lesen etc.).

Von den Formen der Werbevermeidung soll hier nur das *Zapping* etwas näher erläutert werden, da das Zipping (mit und ohne VPS), also die Aufnahme von Fernsehsendungen auf Video mit dem Ziel, die Werbung überspringen zu können, sowie die physische Abwesenheit während der Ausstrahlung von Werbeblöcken für den Ansatz dieser Arbeit keine Relevanz aufweisen (vgl. Abb. 4.6). *Zapping* hingegen bezeichnet den zu beobachtenden Programmwechsel, der ausschließlich dazu dient, jegliche Formen von Fernsehwerbung zu vermeiden. Dazu zählen auch das Reduzieren von Ton oder Helligkeit. Verschiedene Untersuchungen zeigen, dass gerade die jüngeren Fernsehzuschauer ein besonderes Verhältnis zu ihrer Fernbedienung entwickeln. Des weitere zappen Männer mehr als Frauen (Heeter/Greenberg 1985). Das Gegenteil von Zapping ist *Sticking*. Darunter versteht man das verweilen auf einem Kanal, auch während der Werbeblöcke. Nun wäre es unrealistisch davon auszugehen, dass jeder TV-Nutzer einer dieser Zappergruppen zuzuordnen ist. In der Realität verschwimmen die Grenzen, und es wird ein *Matching* zwischen den verschiedenen Nutzungsverhalten stattfinden.[62]

Mikos (1994: 90-97) wählt einen anderen Ansatz zur Differenzierung der verschiedenen Zapping-Typen. Er unterteilt sie in *Initialzapping* (*Scanning*) und *Rezeptionszapping*. Unter Initialzapping versteht er das Suchverhalten per Fernbedienung nach dem Einschalten des Geräts oder nach der Zuwendung zum Ge-

---

[61] Dabei kann das Switching auch sportliche Ausmaße annehmen. „17 Sender in einer Viertelminute gelten dabei als unterstes Limit; Profis sollen es mühelos auf das Doppelte bringen" (Eichmann 1991: 17).

[62] Der Begriff Zapping bezeichnet ein bestimmtes Nutzungsverhalten. Wenn im Verlauf dieser Arbeit von verschiedenen Zappergruppen gesprochen wird, so dient dies lediglich zur Vereinfachung und Überschaubarkeit.

rät. Es ist also eine andere Form des Durchblätterns der Programmzeitschrift und daher mit dem Flipping von Niemeyer/Czycholl gleichzusetzen. Allerdings definiert Mikos für das Initialzapping keine Untergruppen. Es steht sozusagen für sich allein. Beim Rezeptionszapping, dem Umschalten aus einer Sendung heraus, sieht das anders aus. Dort unterscheidet er 10 verschiedene Typen:

- *Habitualisiertes Zapping*: ritualisiertes Abschalten von Sendungen bestimmter Genres;
- *Warte-Zapping*: Umschaltverhalten zur Zeitüberbrückung;
- *Unzufriedenheits-Zapping:* Wegschalten wegen Nichtgefallen der Sendung;
- *Zapping zur Erfolgskontrolle*: Umschalten für die Bestätigung, die beste Sendung ausgewählt zu haben;
- *Distanz-Zapping*: Umschaltvorgänge, die wegen mangelnden Involvements (gewollt oder ungewollt) zustande kommen;
- *Vermeidungs-Zapping*: Sonderform des Distanz-Zapping, da der Umschaltvorgang bewußt zur Vermeidung von Involviertheit vorgenommen wird;
- *Ziel-Zapping*: Umschalten zu einer bestimmten, vorher ausgesuchten Sendung;
- *Redundanz-Zapping*: Wegschalten aufgrund bestehender Kenntnisse oder Vorahnungen über den weiteren Verlauf der Sendung;
- *Kompetenz-Zapping*: Hin- und herschalten zwischen bestimmten Programmen, um mehrere Sendungen gleichzeitig verfolgen zu können (Switching bei Niemeyer/Czycholl);
- *Spaß-Zapping*: Zappen als Erlebnisform; Zusammenstellung eines eigenen kreativen Programms.

Mit dem Zappen bringt der Zuschauer seine Autonomie gegenüber dem Fernsehprogramm zum Ausdruck. Allerdings ist diese Form der Fernsehnutzung erst seit der Entwicklung der Fernbedienung bequem möglich. Sie setzt die Selektionsschwelle soweit herab (s. Kap. 4.2.1), dass (in Anlehnung an die Physik) die Trägheit der Masse, also in diesem Fall die Trägheit des Zuschauers aufzustehen und umzuschalten, überwunden werden kann. Ohne dieses technische Zubehör wäre ein Nutzungsverhalten, wie es in diesem Abschnitt beschrieben wurde, undenkbar.

4.4 Onlinenutzung

4.4.1 Allgemeines Nutzungsverhalten

Nach einer Studie des Nachrichtenmagazins Focus, nutzt im Jahre 2004 die Hälfte aller Bundesbürger das WWW, um Informationen abzufragen (Focus-Online 1999). Neueste Ergebnisse berichten von derzeit bis zu 28 Millionen Internetnutzern in Deutschland (ARD/ZDF-Online-Studie 2001). Damit hat sich die Nutzerzahl in den letzten 5 Jahren fast versiebenfacht.

Das Internet hat sich von einem hauptsächlich von Studenten und Männern zu einem von allen Bevölkerungsteilen genutzten Medium entwickelt. Dennoch bilden Studenten und Auszubildende mit ca. 20% unter den Onlinern immer noch eine, im Verhältnis zur Bevölkerungsverteilung, überdurchschnittlich große Gruppe.[63] Dies lässt sich u.a. mit den günstigen Zugangsmöglichkeiten für Studenten erklären. Der Frauenanteil unter den Onlinenutzern hat sich inzwischen auf 43% erhöht.[64] 1997 lag er noch bei 27%, 1999 bei 35%. Das Internet wird gleichermaßen am Arbeitsplatz, an der Universität und zu Hause genutzt, wobei die Nutzung vom eigenen PC aus in den letzten Jahren deutlich zugenommen hat. Die überwiegende Mehrheit nutzt das Web zur Suche nach bestimmten Informationen. Eine Betonung liegt hierbei auf *Suche*, da die Anzahl der angebotenen Webseiten und Inhalte nicht zu überblicken ist.

Die ARD/ZDF-Online-Studie 2001 zeigt, dass der unmittelbare Nutz- und Gebrauchswert des Internets in den letzten Jahren stark an Bedeutung gewonnen hat. An erster Stelle steht immer noch mit Abstand das Empfangen und Verschicken von Emails als Nutzungsgrund (81%), aber schon auf dem zweiten Platz folgt das zielgerichtete Suchen von Informationen (55%) Das ziellose „Surfen" folgt auf Platz drei (54%) gefolgt vom Download von Dateien (35%). Dies zeigt, dass das Medium immer stärker unmittelbar und direkt in die konkreten Alltagsabläufe eingebunden wird.

4.4.2 Selektionshandlungen im WWW
Im Gegensatz zur Fernsehnutzungsforschung (vgl. Kap. 4.3.2) ist die Forschung bzgl. der WWW-Nutzung noch nicht so weit fortgeschritten. Erst nach und nach entwickeln sich differenzierte Forschungsansätze, die von der zeitlich primären Fragestellung „Wer nutzt was und wann" abweichen. Einer dieser Ansätze befasst sich mit dem Navigationsverhalten der WWW-Nutzer.

Beim Navigieren im World Wide Web ist der Nutzer einem permanenten Selektionsdruck ausgeliefert, unter dem er seine Auswahlentscheidungen treffen muss. „There are four basic questions one must ask when traversing... the wonders of the World Wide Web: Where am I? Where do I want to go? Am I on the right

---

[63] Alle Ergebnisse stammen aus der ARD/ZDF-Online-Studie 2001.
[64] Gegenüber den USA ist dieser Anteil allerdings gering. Dort nutzte schon 1998 knapp die Hälfte der Frauen (48%) die Möglichkeiten des Internets. Dieser Unterschied zeigt sich auch in anderen Bereichen der Onlinenutzung. Vgl. „USA bei Web-Nutzung weit vorn". Horizont, 32/98, S. 17.

path? Am I there yet?" (Bachiochi et al. 1997). Eine weitere Frage, die in diesem Zusammenhang hinzugefügt werden muss, lautet: How do I get there?

Teilantworten auf diese Frage(n), findet man bei Wirth und Brecht im Rahmen ihres Multi-Methoden-Projekts WEBSAY. Dieses Projekt ist als Experiment mit Vorher- und Nachherbefragung sowie nachgeschalteter Selektions- und Inhaltsanalyse konzipiert (vgl. Wirth/Brecht 1998: 158f).[65] Ziel der Studie ist es anhand des Navigationsverhaltens eine Typologie der WWW-Nutzer zu erstellen.[66] Dazu wurden alle von den Probanden durchgeführte Aktionen im WWW (Scrollen, Eingabe eines Suchbegriffs etc.) analysiert, und anschließend *Fünf Dimensionen der Selektion und Rezeption im WWW* definiert. Jede Dimension besteht aus einem Pol und einem Gegenpol. Im folgenden werden die Dimensionen kurz vorgestellt.

- **Orientierungstyp**: Die erste Dimension beschreibt die grundsätzliche Orientierung einer Selektionshandlung. D.h. liegt das Hauptziel der Navigation darin, neue Inhalte aus dem Web zu erhalten, oder geht es eher darum, bereits erhaltene zu rezipieren. Die beiden Pole lauten *selektive Navigation* und *selektive Rezeption*. Dabei stellen Wirth und Brecht fest, dass die selektive Rezeption mit textlastigen Webseiten und die selektive Navigation mit textlosen Webseiten, die viele Links enthalten (z.B. die Startseiten von Suchmaschinen), verknüpft sind (168ff).

- **Explorationsgrad**: Die zweite Dimension unterscheidet zwischen zwei generellen Navigationsrichtungen. Die beiden Pole heißen *Exploration* für die Vorwärtsbewegung und *Regression* für die Rückwärtsbewegung. Zur Exploration gehören Nutzungsvorgänge wie die Eingabe eines Suchbegriffs oder das Verfolgen von Themenlinks. Zur Regression zählt u.a. die Betätigung der Back-Taste auf der Funktionsleiste des Browsers (170).

---

[65] Der Mehrmethodenansatz der Studie beruht auf einer Methodenkritik an bereits veröffentlichten Studien zu diesem Thema. So konzentriert sich die Mehrzahl der Navigationsstudien (vgl. Cove and Walsh 1998; Shneidermann/Kearsley 1989; Shneidermann 1997) auf die Suche nach einer bestimmten Information. Dazu werden jedoch in der Regel geschlossene Autoren-Systeme benutzt, die kein Abbild des realistischen Navigationsprozesses zulassen. Dieses Problem kann anhand von Logfile-Analysen (Catledge/Pitkow 1995; Tauscher/Greenberg 1997) umgangen werden. Allerdings besteht mit der reinen Auswertung von Logfile-Protokollen nicht die Möglichkeit, den Kontext der Informationssuche zu erfassen. Somit berücksichtigen Wirth/Brecht in ihrem Mehrmethodenansatz auch Beobachtungsstudien, durch die, z.B. mit Hilfe von Eye-Tracking-Verfahren (Bachofer; 1998), mediale und kontextuelle Informationen zur Verfügung stehen.

[66] Dies ist jedoch nur ein Teilaspekt der Studie. Das Hauptziel liegt darin, den individuellen `Clickstream` im WWW zu analysieren (vgl. Wirth/Brecht 1999; 156ff).

- **Evaluationsgrad**: Mit der dritten Dimension wird das *Ausmaß der Evaluation* beschrieben. Dabei spielt es keine Rolle, ob es sich um eine positive oder negative Beurteilung der Website handelt. Die beiden Pole werden als *hoher* bzw. *geringer Evaluationsgrad* bezeichnet. Demnach wird das Betätigen eines Funktionslinks des Browsers dem geringen Evaluationsgrad zugeordnet, da lediglich ein bereits bekannter Zustand wiederhergestellt wird. Im Kontrast dazu steht z.b. das Herabscrollen einer Webseite, welches den Pol 'hoher E-valuationsgrad' bildet, da den Nutzer neue, zuvor nicht bekannte, Inhalte erwarten (171).

- **Grad der Zielkonsistenz**: In der vierten Dimension geht es darum ob ein altes Ziel verfolgt oder ein neues Ziel anvisiert wird. Die beiden Pole nennen sich *Zielverfolgung* und *Zielauswahl* (171ff).

- **Rationalität versus Spontaneität**: Die letze Dimension beinhaltet die Bezeichnung ihrer beiden Pole in ihrem Namen – *Rationalität* und *Spontaneität*. Zu den spontanen Aktionen kann u.a. auch das Betätigen eines Themenlinks gehören. Allerdings befinden sich die Links dann häufig auf Seiten mit multithematischen Themensammlungen. Auch hier würde das Betätigen der Funktionsleiste des Browsers einen typischen Fall darstellen. Zum Gegenpol Rationalität hingegen zählen Aktionen wie das Eingeben einer URL oder eines Suchbegriffs über die Tastatur (173f).

Wirth/Brecht führen an, dass die von ihnen dargestellten Dimensionen noch keine eigenständigen Typen sondern eher Faktoren darstellen, die in Reinform eher unwahrscheinlich in der „Navigationsrealität" anzutreffen sind. „Das Navigationsverhalten setzt sich vielmehr zusammen aus allen Dimensionen in unterschiedlicher Gewichtung [...] Jede Selektionshandlung besitzt Ausprägungen zu jeder der fünf Dimensionen..." (1999: 174). Mit der Kenntnis eines gewissen Informationsverlustes ordnen sie daraufhin jede Selektionshandlung dem Idealtyp zu. Der Idealtyp ist die Dimension, die der Selektionshandlung am nächsten steht. „Zu den dominierenden Dimensionen bzw. Polen gehören *Rezeption, Rationalität, Zielverfolgung, Evaluation, Nonevaluation, Spontaneität* und *Regression*" (175). Den höchsten Prozentwert erreichen *Selektionshandlungen mit einer dominant rezeptiven Orientierung*. Die Faktoren *Navigation, Exploration* und *Zielfestlegung* erreichen hingegen nur geringe Prozentwerte. Somit kommen Wirth und Brecht zu dem Ergebnis, dass Nutzer eher spontan und wenig reflektiert reagieren, „wenn die Auswahlmöglichkeiten ohnehin begrenzt sind oder wenn es nur noch um die Spezifizierung eines Zieles geht, das generell anvisierte Themenfeld aber bereits erreicht ist" (177). Subjektiv begründete und reflektierte Entscheidungen finden sich hingegen häufiger, wenn ein neues Ziel festgelegt wird. „So setzt der 'adaptive' Nutzer kognitiven Aufwand da ein, wo es ihm erforderlich oder wert scheint, und läßt sich an anderen Stellen mit wenig reflektierten ad-hoc Entscheidungen durchs Web leiten" (177).

4.5 Selektion im TV- und WWW – ein Vergleich

Nachdem nun das Selektionsverhalten der Nutzer beider Medien dargestellt wurde, sollen im folgenden die Gemeinsamkeiten und Unterschiede in der Nutzung herausgearbeitet und somit eine Basis für den in dieser Studie durchgeführten Vergleich geschaffen werden.

Betrachtet man beide Medien aus *medienzentrierter* Perspektive, so stellt man fest, dass es sich beim WWW um ein statisches und beim Fernsehen um ein dynamisches Medium handelt. Während man sich also im Zuge der Fernsehnutzung passiv verhalten und dennoch unterschiedliche Programmangebote rezipieren kann, ist dies im World Wide Web nicht möglich. Ohne eine Aktivität des Nutzers gibt es keine inhaltlichen Veränderungen auf dem Bildschirm. Des weiteren ist das WWW im Gegensatz zum TV ein textbasiertes Medium. Somit erscheint ein Vergleich zu einem ebenfalls zeitstatischen, textbasierten Medium wie z.B. einer Tageszeitung sinnvoller als der Vergleich zum zeitchronischen Medium Fernsehen.

Blickt man jedoch nicht aus medienzentrierter sondern aus *nutzerzentrierter* Sichtweise auf die beiden Medien, so erscheint es allemal plausibel, ja sogar wünschenswert, das Selektionsverhalten der Nutzer miteinander zu vergleichen. Dabei ist es durchaus legitim den Nutzer in den Mittelpunkt der Betrachtung zu stellen, da beide Medien aus seiner Sicht viele Parallelen aufweisen.

So gibt es z.B. eindeutige Angleichungserscheinungen in Bezug auf die soziale Konstellation während der Mediennutzung. Wurde das Fernsehen früher als Gemeinschaftsmedium angesehen, entwickelt es sich immer mehr zum Individualmedium und gleicht sich damit der sozialen Konstellation der WWW-Nutzung an. D.h., sowohl beim Fernsehen als auch beim „Surfen" im WWW steht der Nutzer dem Medium allein gegenüber. Er ist somit in der Regel keinem sozialen Gruppendruck ausgesetzt und kann sich aus dem Angebot auswählen was er möchte. Außerdem zeigen verschiedene Studien erste Tendenzen dahingehend, dass die Nutzung vom WWW zur Substitution des Fernsehkonsums führt. Dies liegt zum einen am gleichbleibenden Zeitbudget des Nutzers und zum anderen daran, dass beide Medien dieselbe Primetime haben. Denn nicht nur beim Fernsehen sondern auch beim WWW liegt die Hauptnutzungszeit zwischen 18 und 22 Uhr (vgl. Kap. 4.1).

Eine weitere Gemeinsamkeit beider Medien besteht darin, dass Fernsehen und WWW über ein technisches Werkzeug zur Selektion verfügen, das in seinen Grundstrukturen sehr ähnlich ist. Sowohl per Fernbedienung als auch per Maus läßt sich mit einem einfachen Knopfdruck die Auswahl der rezeptionswürdigen Angebote steuern. Dies geht bequem vom Platz aus, so dass der Nutzer dazu nicht einmal aufstehen oder andere Unannehmlichkeiten in Kauf nehmen muss. Der Aspekt der technischen Parallelen beider Medien wird noch dadurch verstärkt, dass aus Sicht des Nutzers sowohl das Fernsehen als auch das WWW Bildschirmmedien sind.

Dies führt zu einem sich angleichenden Nutzungsverhalten. Schon heute entsprechen die Seheinheiten der TV-Nutzer nicht mehr den intendierten Seheinheiten der Programmplaner. Ein Großteil der Fernsehzuschauer „zappt" sich sein Programm zusammen und wählt somit über eine Reihe von aufeinanderfolgenden Selektionsentscheidungen aktiv aus, was er gerne sehen möchte. Dies verhält sich beim World Wide Web nicht anders. Auch dort besteht der Nutzungsprozess aus einer Vielzahl von aneinandergereihten Auswahlentscheidungen, die in regelmäßigen Abständen vom Nutzer getroffen werden. Diese Parallelen lassen die Frage aufkommen, ob ein bei der Fernsehnutzung an den Tag gelegtes Selektionsverhalten von den Rezipienten auf das WWW übertragen wird. Zumal erste Analysen aus Navigationsstudien zeigen, dass es auch im WWW unterschiedliche Typen von Nutzern zu geben scheint.

Vermeiden nun dieselben Nutzer Werbung im WWW, die auch Werbung im Fernsehen vermeiden? Surfen einige einfach nur durchs Netz, die auch nur aus Spaß durchs Fernsehprogramm zappen? Versuchen Hopper auch im Internet so viele Informationen wie möglich gleichzeitig abzurufen? Oder ist das Nutzungsverhalten bzgl. beider Medien unabhängig voneinander? Dies sind Fragen, zu deren Beantwortung diese Studie einen Teil beitragen soll.

5 Konzeption und Design der Studie

Nach der begrifflichen und theoretischen Einordnung der Studie in die Problematik der Selektionsforschung in den klassischen Medien und im Internet, werden die im theoretischen Teil entworfenen Fragestellungen im folgenden noch einmal zusammengefasst und anschließend in überprüfbare Hypothesen für den empirischen Teil umgesetzt. Dabei ist zu berücksichtigen, dass die aufgeworfenen Fragestellungen auf ein für diese Arbeit angemessenes Maß reduziert werden müssen. Des weiteren wird die genaue Anlage und die Methodik der Studie dargestellt.

5.1 Forschungsleitende Fragestellungen und Hypothesen

Das Internet und die daraus resultierenden Neuen Medien sind dabei, sich in der Gesellschaft zu etablieren. Die stetig wachsende Zahl von Onlinenutzern bestätigt dies und legt die Vermutung nahe, dass sich der Adoptionsprozess auch in Deutschland nicht mehr im Anfangsstadium befindet. Dies wirft eine Reihe von neuen Fragestellungen für die Kommunikationswissenschaft auf. So gilt es einerseits zu untersuchen, wie die Neuen Medien genutzt und bewertet werden und andererseits, welchen Einfluß sie auf die Nutzung traditioneller Massenmedien haben.

Vor diesem Hintergrund muss festgestellt werden, dass es sich beim Internet nicht um ein Neues Medium, sondern um eine Vielzahl Neuer Medien handelt. Eines dieser Neuen Medien ist das World Wide Web. Das WWW kann im Sinne von Maletzke als Massenmedium bezeichnet werden, weil es Informationen bzw. Angebote einseitig, indirekt, für jeden zugänglich und durch ein technisches Verbreitungsmedium an ein disperses Publikum vermittelt. Obwohl die Neuen Medien größtenteils mit dem Begriff Interaktivität in Verbindung gebracht werden, ist das WWW im Gegensatz zu anderen Online-Medien wie z.B. dem Chat, nicht interaktiv. Im Gegenteil, die Interaktivität des WWW besteht lediglich in der Aneinanderreihung von Selektionsentscheidungen, wie sie auch auf Multiple-Choice-Aufgaben zutrifft. Der Nutzer ist weder in der Lage etwas verändern zu können, noch besteht für ihn die Chance, durch das WWW mit einem anderen Nutzer zu kommunizieren. Der Eindruck, dass dies dennoch möglich ist, entsteht durch die Verknüpfung des WWW mit anderen Diensten (z.B. Email, Chat). Sie werden, aus der Perspektive des Users, beim Surfen im WWW durch einfaches „Anklicken" eines Links aufgerufen. Allerdings sind sie kein Bestandteil des WWW. Auch das Fernsehen ist ein nicht interaktives Medium, bei dem sich der Nutzer aus einer Vielzahl von Sendungen durch eine Aneinanderreihung von Auswahlentscheidungen sein Lieblingsprogramm zusammenstellen kann. Betrachtet man beide Medien aus *nutzerzentrierter* Sicht, so lassen sich noch weitere Gemeinsamkeiten aufzeigen (vgl. Kap. 4.5). Doch gibt es im Gegensatz zum WWW zahlreiche Studien zum Nutzungs- und Selektionsverhalten der Fernsehzuschauer, die der Frage nachgehen, auf welche Art und Weise und mit welcher Motivation die Rezipienten durch das Programm zappen. Danach werden die TV-Nutzer in verschiedene Nutzergruppen unterteilt, von denen sich jede durch ihr spezielles Auswahl- und Umschaltverhalten charakterisieren läßt.[67]

Ob solch eine Unterscheidung in verschiedene Zappergruppen auf das WWW übertragbar ist, ist im Moment noch schwer zu beantworten, da zu dieser Fragestellung erst wenige Untersuchungen veröffentlicht wurden.[68] Diese Studie soll einen Beitrag zur Beantwortung dieser Frage leisten. In diesem Zusammenhang ergeben sich folgende Fragestellungen und Hypothesen als Grundlage für die empirische Untersuchung des Selektionsverhaltens im WWW:

1.) Aufgrund der dezentralen Struktur des World Wide Web und der dadurch entstehenden Unüberschaubarkeit des Angebots, muss der WWW-Nutzer Hilfsmittel (Suchmaschinen, Kataloge, Browserfunktionen) zur Navigation einsetzen. Somit stellt sich die Frage, welche Hilfsmittel die unterschiedlichen TV-Nutzergruppen im WWW benutzen und ob es Unterschiede in ihrer Anwendung gibt. Daraus resultieren folgende Hypothesen:

Hypothese 1a: *Viel-Switcher* sind immer daran interessiert, einen möglichst umfassenden Überblick über das Angebot im WWW zu bekommen. Dies beruht auf ihrer Hoffnung, eine noch interessantere Website als die gerade aufgerufene zu finden. Aus diesem Grund *kennen und benutzen Viel-Switcher mehr Suchmaschinen und Web-Kataloge* als Wenig-Switcher.

Hypothese 1b: Aus demselben Grund *benutzen Viel-Switcher eher Meta-Suchmaschinen* als Wenig-Switcher. Somit können sie noch schneller einen Überblick über das WWW-Angebot bekommen.

Hypothese 1c: Eine bezeichnende Eigenschaft von *Viel-Hoppern und Viel-Flippern* besteht darin, dass sie in ihrer Programmauswahl systematisch vorgehen. In Bezug auf ihr Selektionsverhalten im WWW bedeutet dies, dass *Viel-Hopper* und *Viel-Flipper* im Gegensatz zu Wenig-Hoppern und Wenig-Flippern *eher Bookmarks und Navigationsfunktionen ihres Browsers benut-*

---

[67] Wenn nun im folgenden bestimmte Zappergruppen genannt werden, so bezieht sich diese Kategorisierung auf das Fernsehnutzungsverhalten der Rezipienten.
[68] Vgl. auch Welker (1999).

zen, da sie somit im nachhinein ihre Auswahlentscheidungen besser nachvollziehen und rückgängig machen können.

2.) Das spezifische Selektionsverhalten der verschiedenen TV-Nutzergruppen im WWW spiegelt sich nicht nur in der Nutzung von Navigationshilfsmitteln, sondern auch in ihrem allgemeinen Navigationsverhalten bzw. in der angewandten Selektionsstrategie wider.

Hypothese 2a: Da *Viel-Zapper* bei der TV-Nutzung jegliche Form der Werbung zu vermeiden suchen, sind sie auch im WWW daran interessiert, *Werbung zu umgehen*.

Hypothese 2b: Ein *gezieltes Einschalten von Fernsehsendungen* oder -Sendern (*Wenig-Flipper*), führt auch zum *gezielten Aufrufen von Webseiten*.

Hypothese 2c: *Viel-Hopper* versuchen gezielt mehrere Angebote gleichzeitig zu konsumieren und deren Zusammenhänge zu verstehen. Deshalb haben sie im WWW eher *mehrere Navigationsfenster gleichzeitig geöffnet* als Wenig-Hopper.

3.) Neben dem TV-Nutzungsverhalten spiegelt sich auch die Videotextnutzung im WWW-Selektionsverhalten wider.

Hypothese 3a: Personen, die häufiger das Angebot des Videotextes nutzen und somit zum Ausdruck bringen, dass sie sich die gewünschten Informationen gerne selbst zusammensuchen, nutzen im WWW eher aktuelle Angebote (Nachrichten- oder Sportticker etc.) als andere.

Hypothese 3b: TV-Nutzer, die gezielt Videotextseiten aufrufen, rufen auch eher gezielt inhaltliche Angebote im WWW auf. Diejenigen, die sich im Videotext eher der Index- bzw. Stichwortseiten bedienen, nutzen hingegen eher die Angebote von Suchmaschinen und Webkatalogen.

5.2 Untersuchungsdesign

5.2.1 Stichprobe

Die Untersuchung ist als *schriftliche Befragung* unter Studenten an verschiedenen Hochschulstandorten Deutschlands konzipiert.[69] Die Beschränkung auf Studenten als Probanden bietet sich zum einen aus forschungsökonomischen Gründen an, zum anderen zeigen aktuelle Untersuchungen, dass Studenten auch wei-

---

[69] Die einzelnen Standorte sind Berlin, München, Münster und Stuttgart. Eine genaue Auflistung befindet sich im Anhang dieser Arbeit (Tab. A26).

terhin eine überdurchschnittlich große Gruppe unter den Onlinenutzern darstellen. Dies liegt nicht zuletzt an den kostengünstigen Zugangsmöglichkeiten für Studenten durch die Einwahl ins Internet über ihre Universität.

Ein weiteres Kriterium zur Auswahl der zu befragenden Personen besteht in der Häufigkeit ihrer Internetnutzung. Um aussagekräftige Ergebnisse über das Nutzungsverhalten im WWW zu bekommen, werden nur solche Studenten befragt, die *in der Regel mindestens einmal pro Woche* online sind. Dadurch soll gewährleistet werden, dass zumindest grundlegende Kenntnisse im Umgang mit Onlinemedien seitens der Nutzer vorhanden sind. Auf eine Quotierung bezüglich der Fernsehnutzung wird aufgrund der fast flächendeckenden Verbreitung des Mediums Fernsehens in Deutschland verzichtet. Personen, die dennoch keine Möglichkeit haben, fernzusehen, werden aufgrund ihrer Angaben im Fragebogen nachträglich aus der Stichprobe ausgeschlossen. Somit ergibt sich eine *bewußte Quotenstichprobe* aus Studenten, die in der Regel mindestens einmal pro Woche online sind.[70]

5.2.2 Aufbau des Fragebogens

Eine schriftliche Befragung – ohne Einflußnahme eines Interviewers – erfordert in besonderem Maße einen klar strukturierten Fragebogen. Die Fragen sollten verständlich und gradlinig formuliert sein, so dass eine einfache Bearbeitung für die befragten Personen möglich ist. Bei der vorliegenden Untersuchung ist jedem Fragebogen ein Anschreiben vorangestellt, in dem die Zielgruppe erläutert und um die Teilnahme gebeten wird.

Der Großteil der gestellten Fragen kann durch einfaches Ankreuzen beantwortet werden. Allerdings gibt es zwei Fragenblöcke, bei denen die Antworten anhand einer 7-stufigen unipolaren „Likert-Skala" erfasst werden. Ein Vorteil in der Anwendung dieses Verfahrens liegt in der großen Differenzierbarkeit der zu erhebenden Items. Jedoch gilt diese Form der ungeraden Skalierung in der Literatur als nicht unproblematisch. Insbesondere wird die „Uneindeutigkeit des mittle-

---

[70] Eine andere Möglichkeit zur Auswahl bestünde darin, nur solche Studenten zu befragen, die über einen eigenen Account verfügen. Dies sagt jedoch nichts über die Häufigkeit aus, mit der sie online sind. Des weiteren ist es durchaus möglich, dass sich mehrere Studenten (z.B. in einer WG) einen Account teilen. Dadurch würden jedoch viele Studenten aus der Stichprobe herausfallen, obwohl sie zur Zielgruppe dieser Befragung zählen. Nicht vergessen werden darf in diesem Zusammenhang auch, dass viele Studenten sich „lediglich" über einen Gastzugang in einem CIP-Pool o.ä. ins Internet einwählen. Auch sie würden bei einer accountbestimmten Auswahl nicht in die Stichprobe gelangen.

ren Skalenwertes" bemängelt (Bortz 1984: 152).[71] Der vorliegende Fragebogen (s. Anhang) gliedert sich in die vier Teilbereiche *Medienbesitz, Internetnutzung, Fernsehnutzung* und *Statistik*.

Für den Bereich der soziodemographischen Fragen muss an dieser Stelle hinzugefügt werden, dass auf Standardfragen, wie z.b. Fragen nach dem Beruf, dem Schulabschluß oder dem Familienstand, aufgrund der bewußten Quotenstichprobe verzichtet wird. Vielmehr erscheint es sinnvoll, Angaben über die Wohnverhältnisse und das Hochschulsemester zu erfragen, da dies durchaus einen Einfluß auf die Mediennutzung haben kann.

5.3 Pretest und Erhebung

Die Konzeption des Fragebogens wurde am 21.10.1999, im Raum M024 des Gebäudes der Freien Universität Berlin, Malteserstr. 74-100, 12249 Berlin, an zwölf zufällig ausgewählten Studenten getestet.

Aufgrund dieses Pretests wurde eine Frage aus dem Fragebogen gestrichen, sowie die Reihenfolge der Fragen drei und vier vertauscht. Des weiteren stellte sich heraus, dass eine zu bewertende Aussage der Frage 18 doppelt aufgeführt war. Sie wurde ebenfalls ersatzlos aus dem Fragebogen gestrichen.

Die eigentliche Erhebung fand in dem willkürlich festgelegten Zeitraum vom 01.11.1999 bis 30.11.1999 statt. Die Fragebögen wurden in der Regel zu Beginn der Lehrveranstaltung ausgeteilt und umgehend von den Studenten ausgefüllt. Die Bearbeitung des Fragebogens dauerte ca. 10-15 Minuten.

---

[71] Er kann sowohl Verständnisprobleme, indifferente Meinungen als auch Irrelevanz des gegebenen Items ausdrücken.

6 Selektionshandlungen im WWW und TV – Ergebnisse der Befragung

Im folgenden werden die Ergebnisse der Befragung dargestellt. Die Reihenfolge der Ergebnispräsentation entspricht dabei größtenteils der Themenreihenfolge des Fragebogens.

6.1 Rücklaufquote und allgemeine Stichprobenbeschreibung

Insgesamt wurden 550 Fragebögen erstellt und an den verschiedenen Hochschulstandorten in Deutschland, an denen die Befragung durchgeführt wurde, verteilt. Von den 550 ausgegebenen Fragebögen sind 434 beantwortet zurückgeschickt bzw. eingesammelt worden. Dies entspricht einer „Rücklaufquote" von 79%.[72] Neun Fragebögen konnten nicht berücksichtigt werden, da sie entweder unvollständig ausgefüllt wurden (n = 4), oder einer Plausibilitätskontrolle nicht standhalten konnten (n = 5). Somit können 425 Personen in die statistische Auswertung einbezogen werden.

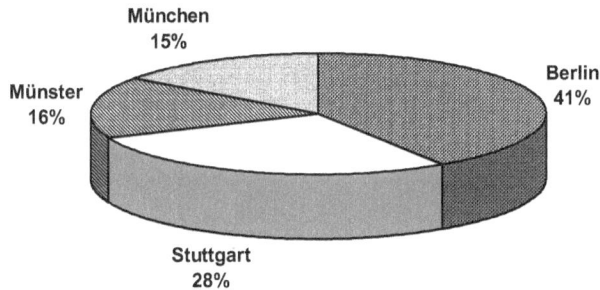

Abbildung 6.1: Verteilung der Fragebögen

Einen Eindruck über die Verteilung der Fragebögen auf die verschiedenen Befragungsstandorte vermittelt die Abbildung 6.1. Die stark differierende Fallzahl ist für die vorliegende Untersuchung nicht weiter von Bedeutung, da keine regionalspezifischen Vergleiche durchgeführt werden sollen.

An der Untersuchung beteiligten sich 185 Männer (44%) und 240 Frauen (56%). Durchschnittlich befinden sich die Befragten im 5. Hochschulsemester. Der Al-

---

[72] Dieser Wert darf jedoch nicht mit Befragungen verglichen werden, bei denen die Fragebögen direkt an die einzelnen Zielpersonen verschickt werden. In diesem Fall war es so, dass die Fragebögen an zuvor kontaktierte Dozenten verschickt wurden, die diese Befragung dann in ihren Lehrveranstaltungen durchführten. Somit ist die überdurchschnittlich hohe Rücklaufquote zu erklären.

tersdurchschnitt beträgt 23,5 Jahre, wobei eine Differenzierung nach dem Geschlecht ergibt, dass die Männer im Durchschnitt 1,5 Jahre älter sind (vgl. Tab. A2).[73] Je ein Drittel der Befragten hat eine eigene Wohnung oder lebt in einer Wohngemeinschaft. Nur 17% haben ihren Wohnsitz noch bei den Eltern. Durchschnittlich stehen den Befragten, nach Abzug aller festen Ausgaben, monatlich zwischen DM 500 und DM 750 zur Verfügung. Jeder Dritte muss jedoch mit weniger als DM 500 im Monat auskommen.

Das Interesse an technischen Neuentwicklungen ist relativ hoch. Dies ist nicht anders zu erwarten gewesen, denn zum einen handelt es sich bei den Befragten um Studenten der Kommunikations- bzw. Medienwissenschaft, zum anderen setzen sich alle Teilnehmer aufgrund ihrer Internetnutzung intensiv mit den neuen Techniken auseinander. Dennoch zeigen 12% ein eher geringes Interesse (Tab. 6.1).

Technisches Interesse***	Gesamt n = 425	Männer n = 185	Frauen n = 240
sehr interessiert	26	40	15
interessiert	62	57	67
Weniger interessiert [(1)]	12	3	18
Total	**100**	**100**	**100**

[(1)] Da nur 2 Personen (0,5%) angaben, an technischen Neuerungen uninteressiert zu sein, wurden die Kategorien weniger interessant und uninteressant zusammengefasst.
*** $p \leq .001$ (chi^2-Test)

Tabelle 6.1: Technisches Interesse nach Geschlecht (in %)

Während sich 40% der Männer in technischen Dingen als sehr interessiert bezeichnen, sind es bei den Frauen nur 15%. Gleichzeitig geben 18% der Frauen an, sich für technische Dinge weniger zu interessieren. Bei den Männern sind dies ganze 3%. Diese Diskrepanz spiegelt sich auch beim Medienbesitz wider. Durchschnittlich besitzen die Befragten neun der 21 im Fragebogen aufgelisteten Geräte. Fast alle verfügen über ein Radio und einen Fernseher (99%)[74]. Über neue Techniken wie einen MP3-Player oder einen Organizer verfügen jeweils 10%, eine Digitalkamera nennen 5% ihr eigen. Erstaunlich hoch ist der Anteil

---

[73] Dies lässt sich u.a. dadurch erklären, dass sich ein Großteil der Befragten, wenn man eine Regelstudienzeit für das Grundstudium von 4 oder 5 Semestern voraussetzt, noch in selbigem befindet (vgl. Tab. A1). Da Männer in der Regel durch das Ableisten ihres Zivil- oder Wehrdienstes ein bis zwei Jahre älter sind, wenn sie das Studium aufnehmen, erklärt dies den Altersunterschied. Befände sich die Mehrheit der Befragten schon im Hauptstudium, so würde sich dieser Effekt aufgrund der Altersvermischung aufheben.

derjenigen, die mit einem Laptop oder einem Notebook ausgestattet sind. Jeder vierte gibt an, solch ein Gerät zu besitzen. Gleiches gilt für einen ISDN-Anschluss. Weiterhin besitzt knapp die Hälfte der Studenten ein Handy.

Wie bereits angedeutet, gibt es geschlechtsspezifische Unterschiede im Medienbesitz. Gerade neuere Geräte, wie MP3-Player oder CD-Brenner, nennen Männer häufiger ihr Eigentum (vgl. Tab. A3). Nur bei einer Sache kehrt sich das Verhältnis um – Frauen besitzen signifikant häufiger einen Walkman als Männer.[75]

6.2 Internetnutzung

6.2.1 Allgemeine Nutzung

Drei von vier Befragten verfügen über einen Internetanschluss in den eigenen vier Wänden.[76] Mehr als die Hälfte hat zusätzlich noch die Möglichkeit am Arbeitsplatz oder an der Universität[77] ins Internet zu gehen (vgl. Tab. A4). Einen deutlichen Zusammenhang gibt es hier zwischen dem Ort und der Bestandszeit des Internetzugangs (Tab. 6.2). Je länger die Person über den Zugang verfügt, desto größer ist die Wahrscheinlichkeit, dass sie sich von zu Hause ins Netz einwählen kann. Daraus wird ersichtlich, dass erste Erfahrungen im Umgang mit dem Internet zumeist an der Universität gemacht werden, und erst nach einer gewissen Zeit die Überlegung erfolgt, sich auch privat einen Anschluss einzurichten. Dies lässt wiederum darauf schließen, dass man sich zunächst über den Nutzen des Mediums klar werden möchte, bevor man sich für einen privaten Zugang entscheidet.[78]

---

[74] Die sechs Personen, die über keinen eigenen Fernseher verfügen, werden dennoch in die Analyse miteinbezogen, da sie die Möglichkeit haben, bei jemand anderem fernzusehen.

[75] Allerdings besitzen die Männer wiederum eher einen Mini-Disc-Player, ein Gerät was sozusagen als Nachfolger des Walkmans angesehen werden kann. Somit scheinen die Männer auch hier auf einem höheren technischen Niveau zu sein.

[76] Dies überrascht, da „nur" 69% der Befragten angeben, ein Modem zu besitzen. Anscheinend haben es hier einige Personen sehr genau genommen und ihre ISDN-Karte, die im Fragebogen nicht extra aufgelistet ist, nicht als Modem deklariert. Denn eine genauere Analyse der Personengruppe zeigt, dass 70% von Ihnen über einen ISDN-Anschluss verfügen. Die anderen 30% wohnen in einer WG oder in einem Wohnheim, so dass sie dort bei jemand anderem die Möglichkeit haben können, im Internet zu „surfen", ohne ein eigenes Modem zu besitzen.

[77] Im folgenden aufgrund der Zielgruppe der Befragung nur noch Universität genannt.

[78] Die Begriffe *Zugang* und *Anschluss* werden in diesem Zusammenhang als Synonyme für die Möglichkeit des Einwählens ins Internet von zu Hause aus benutzt. Dabei geht es nicht darum, ob die Studenten sich einen zusätzlichen Account bei einem anderen Provider eingerichtet haben, sondern lediglich um die Angabe, an welchen Orten ihnen die technischen Voraussetzungen für die Internetnutzung zur Verfügung stehen.

Ort des Internetzugangs**	weniger als ein Jahr n = 128	1–2 Jahre n = 129	2–3 Jahre n = 94	Seit mehr als 3 Jahren n = 74
am Arbeitsplatz/Universität	32	28	18	15
zu Hause	23	15	23	8
beides	45	57	59	77
Total	100	100	100	100

** $p \leq .01$ (chi^2-Test)

Tabelle 6.2: Ort des Internetzugangs nach Bestand des Zugangs (in %)

Diese Entscheidung kann im Endeffekt aus verschiedenen Gründen getroffen werden. Einerseits kann es ein, dass man den Trend der Zeit nicht verschlafen und *immer* für seine Freunde etc. via Internet erreichbar sein möchte, andererseits ist es durchaus möglich, dass man die Vorteile des Mediums erkannt hat und dieses häufiger, bequemer und einfacher von zu Hause aus nutzen möchte. Ansonsten würde sich die Frage stellen, warum sich Studenten überhaupt einen privaten Zugang einrichten, wenn sie doch kostenlos einen über ihre Universität zur Verfügung gestellt bekommen.

Die Mehrheit der befragten Personen nutzt das Internet sowohl beruflich als auch privat (59%). Selbst diejenigen, die nur an der Uni über einen Zugang verfügen, nutzen das Internet nur zu 13% ausschließlich zu beruflichen Zwecken (vgl. Tab. A6). Dieses Ergebnis stützt die eben aufgestellte Vermutung, dass man, während der Zeit der Internetnutzung an der Universität, den privaten Nutzen für sich selbst erkennt, und sich daraufhin die Möglichkeit schafft, auch von der eigenen Wohnung auf das Medium zugreifen zu können. Übereinstimmend mit den Ergebnissen anderer Befragungen, wie z.B. der ARD/ZDF-Online-Studie, liegt die Prime-Time der Internetnutzung zwischen 18 Uhr und 22 Uhr (Abb. 6.2).[79] Dies gilt auch für das Wochenende, an dem sich die Nutzung vom Vormittag in den Nachmittag und den Abend verlagert.

---

[79] Eine weitere Spitze in der Nutzung findet man werktags zwischen 12 Uhr und 14 Uhr. Dies ist die Zeit, zu der größtenteils diejenigen das Internet nutzen, die nur über einen Zugang an der Uni verfügen. Meistens haben die Rechenzentren der verschiedenen Universitäten zwischen 10 Uhr und 18 Uhr geöffnet, so dass die Studenten darauf angewiesen sind, innerhalb dieses Zeitraums ins Internet zu gehen. Die Zeit nach dem Mittagessen scheint dazu für viele sehr geeignet zu sein.

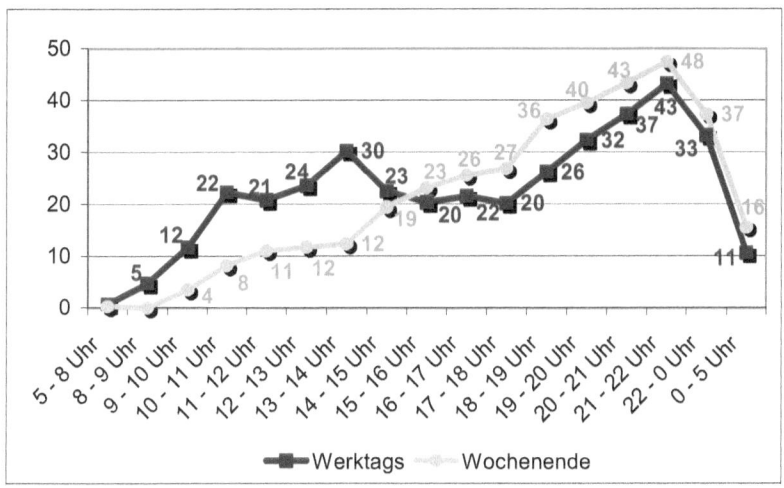

Abbildung 6.2: Internetnutzung im Tagesverlauf (in %)

Damit überschneidet sich die Hauptnutzungszeit des World Wide Web mit der des Fernsehens (s. Kap.6.3.1). Somit muss sich der Nutzer für ein Medium entscheiden. Immerhin geben 24% der Befragten an, dass sie, seitdem sie über einen Internetzugang in den eigenen vier Wänden verfügen, seltener fernsehen.[80]

Im Durchschnitt nutzen die Befragten das Internet an vier Tagen in der Woche. Allerdings gibt es hier Unterschiede zwischen denjenigen, die nur an der Uni einen Zugang haben, und denen, die auch von zu Hause aus im Internet „surfen" können (vgl. Tab. A7). Hauptsächlich beruhen diese signifikanten Zusammenhänge jedoch darauf, dass die Personen, die nicht über einen privaten Zugang verfügen, am Wochenende einfach keine Gelegenheit zum „Surfen" haben, da die Rechenzentren der Universitäten geschlossen sind. Gleichzeitig gibt es auch einen signifikanten Zusammenhang (r = .26 mit p < .001) zwischen der Nutzungshäufigkeit und der Bestandsdauer des Zugangs, d.h. je länger jemand über seinen Internetzugang verfügt, desto häufiger ist er auch online. Dabei sind die Studenten durchschnittlich ca. 30 Minuten pro Internetsitzung online.[81]

---

[80] Damit liegt das Fernsehen an zweiter Stelle der Medien, die seltener genutzt werden. Am häufigsten geben die Befragten an, seit der Einrichtung eines Internetzugangs, weniger zu telefonieren. Ob dies jedoch aufgrund eines entstehenden Zeitmangels oder eher wegen der blockierten Telefonleitung zustande kommt, lässt sich leider nicht sagen.

[81] Dies sagt jedoch nichts über die tägliche Onlinenutzungsdauer aus. Diese liegt nach Angaben der ARD/ZDF-Online Studie 1999 bei 82 bzw. 85 Minuten (408).

Fast allen Befragten dient das Internet zur Kommunikation mit anderen Nutzern. Dies lässt sich zumindest aus dem Ergebnis schließen, dass 95% das Internet zum Senden und Empfangen von Emails verwenden (Abb. 6.7). Weiterhin nutzen 88% das Medium zur gezielten Abfrage von Informationen, und die Hälfte der Befragten gibt an, manchmal auch einfach nur ziellos im Internet zu „surfen" bzw. aktuelle Nachrichten abzurufen. Damit liegen die Hauptmotive für die Nutzung des World Wide Web, als Untersuchungsmedium dieser Arbeit, klar auf der Hand. Die Informationssuche steht an eindeutig erster Stelle. Allerdings scheint auch der Aspekt der Entspannung, analog zum Fernsehen, ein nicht unerhebliches Motiv für die Nutzung des WWW zu sein. Wie die Daten zeigen handelt es sich dabei aber nicht um die Nutzung von Computer- oder Multiuser-Spielen, sondern vielmehr um das Ausprobieren neuer URLs oder Suchmaschinen, ohne die Absicht, konkrete Informationen abzurufen.

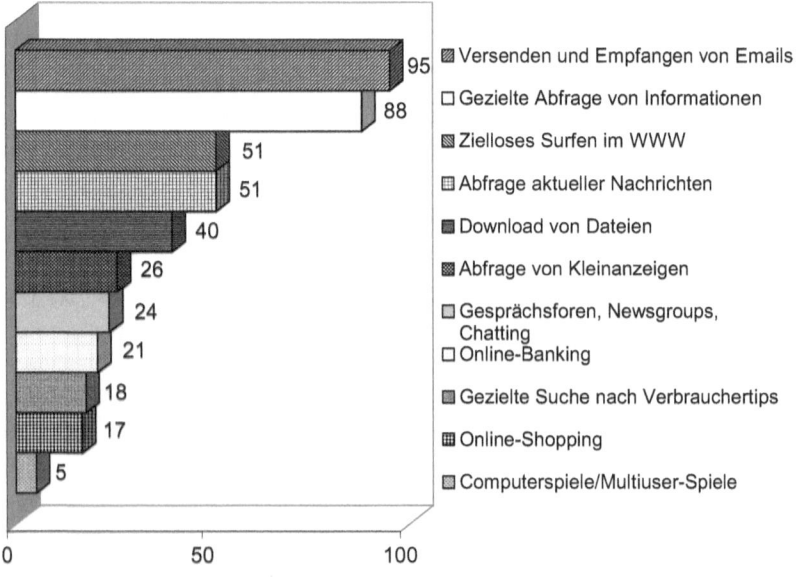

Abbildung 6.3: Gründe der Internetnutzung (in %)

6.2.2 Nutzung von Suchmaschinen
Für die Suche nach Informationen nutzen die Befragten durchschnittlich bis zu vier verschiedene Suchmaschinen. Das sind zwei weniger als sie im Durchschnitt kennen. Dieses Ergebnis lässt die Frage aufkommen, warum nicht mehr Suchmaschinen genutzt werden. Die Antwort lässt sich nur vermuten. Zum einen kann es sein, dass die Suchmaschinen inzwischen so verbessert wurden, dass man als Nutzer nicht mehr als vier verschiedene benutzen muss, um die gewünschte(n)

Information(en) zu bekommen, zum anderen kann dies bedeuten, dass die befragten Personen nur einen bestimmten Suchaufwand in Kauf nehmen, und den Suchauftrag abändern oder abbrechen, wenn sie nach der Nutzung von vier Suchmaschinen noch keine passenden Ergebnisse bekommen haben. Die bekannteste Suchmaschine ist *Yahoo*, von der bei einer gestützten Abfrage 99% angeben, sie zu kennen. Auf den weiteren Plätzen folgen *Altavista, Fireball* und *Lycos*. Männer kennen durchschnittlich sieben verschiedene Suchmaschinen, Frauen hingegen nur fünf (Tab. 6.3). Dies ist ein signifikanter Unterschied, der sich hauptsächlich mit der grundsätzlich stärkeren Affinität von Männern zur Technik und zum Ausprobieren von neuen Dingen erklären lässt.

Eine genauere Betrachtung bestätigt dies, da Männer häufiger im Internet sind und eher über einen Internetzugang verfügen als Frauen (vgl. Tab A11). Gleiches gilt auch für die Anwendung verschiedener Suchmaschinen. Während Männer im Durchschnitt schon fünf verschiedene Suchmaschinen genutzt haben, nutzen Frauen nur drei bis vier.

Suchmaschinen	Gesamt n = 425	Männer n = 185	Frauen n = 240
Anzahl bekannter Suchmaschinen[***]	6.02	7.02	5.25
Anzahl genutzter Suchmaschinen[***]	4.10	4.82	3.55

[***] $p \leq .001$ (t-Test)

Tabelle 6.3: Bekanntheit und Nutzung von Suchmaschinen nach Geschlecht (in %)

Insgesamt gibt es große Unterschiede im Bekanntheitsgrad der Suchmaschinen. Ist eine Suchmaschine dem Nutzer jedoch erst einmal bekannt, so ist die Wahrscheinlichkeit, dass er sie zumindest einmal ausprobiert, relativ groß. Zwar zeigen die Daten einen deutlichen Zusammenhang zwischen der Anzahl bekannter und genutzter Suchmaschinen mit dem Bestand des Internetzugangs (vgl. Tab. A8/A9), allerdings scheint es, seitens der Nutzer eine Art Kosten-Nutzen-Rechnung zu geben. Denn dieser Zusammenhang sagt nichts über die Häufigkeit aus, mit der die Suchmaschinen genutzt werden. So verhält sich der Prozentsatz der genutzten Suchmaschinen antiproportional zur Anzahl der bekannten Suchmaschinen, d.h. je mehr Suchmaschinen der Nutzer kennt, desto weniger nutzt er prozentual.

6.2.3 Nutzung von Browserfunktionen

Diesen Zusammenhang findet man auch bei der Einrichtung von Bookmarks (s.u.). Im allgemeinen werden nur von 59% der Befragten überhaupt Bookmarks angelegt. Dies ist auf den ersten Blick überraschend. Bei einer näheren Untersuchung zeigt sich jedoch, dass gerade diejenigen, die nur in der Uni über einen Internetzugang verfügen, nur sehr selten Bookmarks einrichten (vgl. Tab. A12). Die Erklärung hierfür ist relativ einfach. Bookmarks werden auf der jeweiligen Workstation des Nutzers angelegt. D.h. sie sind nur an dem Rechner verfügbar, an dem sie abgespeichert werden. So kann man z.b. als Nutzer eines CIP-Pools nicht davon ausgehen, immer denselben Rechner und somit die angelegten Bookmarks benutzen zu können. Aus diesem Grunde werden sie anscheinend gar nicht erst angelegt.

Nun ist es allerdings ein Unterschied, ob sich der Nutzer lediglich Bookmarks anlegt, oder ob er sie auch nutzt. Deshalb wurde als nächstes danach gefragt, wie viele der angelegten Bookmarks eigentlich genutzt werden. Immerhin geben bei dieser Frage knapp $^2/_3$ an, mindestens die Hälfte der angelegten Bookmarks auch regelmäßig zu verwenden. 12% nutzen sogar alle Bookmarks. Diesbezüglich zeigt sich ein starker Zusammenhang zwischen der Anzahl der angelegten und der genutzten Bookmarks, d.h. je mehr Bookmarks angelegt werden, desto geringer ist der Prozentsatz derer, die genutzt werden (vgl. Tab. A13). Somit gibt es bei den Bookmarks denselben Zusammenhang wie bei den Suchmaschinen. Zumal auch für die Bookmarks gilt, dass mit der Bestandsdauer des Internetzugangs die Anzahl der angelegten Bookmarks steigt.

Ein weiteres in den Browser integriertes Hilfsmittel, ist die Möglichkeit, eine Startseite einzurichten. Davon machen 55% der Befragten Gebrauch. Auch hierbei zeigt sich ein Zusammenhang zur Dauer des Bestands des Internetzugangs sowie zum Ort der Zugangsmöglichkeit (vgl. Tab. A15 und A16). Demzufolge stellen sich diejenigen, die nur in der Uni über einen Zugang verfügen, seltener eine Startseite ein als andere. Die Erklärung für dieses Verhalten ist identisch mit der, dass sie keine Bookmarks anlegen (s.o.). Das gleiche gilt für den anderen Zusammenhang. Je länger die befragte Person über einen Internetzugang verfügt, desto eher stellt sie sich eine Startseite ein. Anscheinend zeigt auch hier die Erfahrung, dass man auf diese Art und Weise sein Ziel schneller erreichen kann.

Die Inhalte dieser voreingestellten Startseiten sind sehr unterschiedlich (Abb. 6.4). Ein Drittel sind Meta-/Suchmaschinen, ein Viertel Homepages der Organisationen oder Firmen, in denen die Befragten arbeiten oder der sie angehören.[82] Nur 10% nutzen hingegen eine Startseite mit aktuellen Nachrichten oder Information.

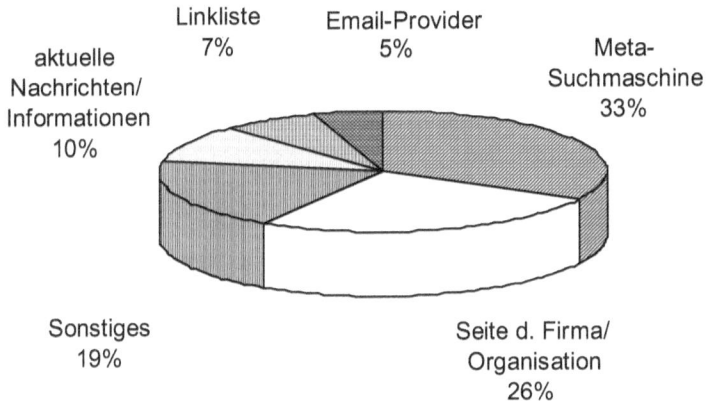

Abbildung 6.4: Inhalte von eingestellten Startseiten (in %)

In diesem Zusammenhang wurden die Personen gefragt, ob es eine bestimmte URL gibt, die sie, unabhängig von einer eventuell standardmäßig eingestellten Startseite, immer als erstes aufrufen. Bei immerhin 25% der Befragten ist dies der Fall.[83] Knapp die Hälfte dieser zuerst aufgerufenen Webseiten sind Meta-/Suchmaschinen, gefolgt von kostenlosen Email-Providern (18%) und aktuellen Nachrichtenseiten (17%). Somit wird eine Startseite oder ein Website, die immer zuerst aufgerufen wird, hauptsächlich als Ausgangspunkt für weitere Recherchen genutzt. Eine konkrete Abfrage von Informationen, die sich regelmäßig wiederholt, scheint eher über den Weg der Bookmarks durchgeführt zu werden.

Eine andere Hilfsfunktion von Browsern, die sogenannte History-Funktion, ist hingegen nur bei etwas mehr als der Hälfte der Befragten bekannt. Dies ist ein überraschend niedriges Ergebnis. Da jedoch 87% derjenigen, die sie kennen, sie auch nutzen, scheint sie für diese Nutzer eine wichtige Aufgabe innerhalb des Navigationsvorgangs zu übernehmen. Immerhin nutzen 43% sie sogar häufig oder sehr häufig. Überspitzt ausgedrückt scheint es fast so, als würde die History-Funktion unter einem Bekanntheitsmangel leiden.

---

[82] In diesem Falle ist dies natürlich fast ausschließlich die Homepage der jeweiligen Universität.
[83] Es ist zu vermuten, dass es einen Zusammenhang zwischen dem Einstellen einer Startseite und dem Aufrufen einer bestimmten URL zu Beginn des Navigationsprozesses gibt. Jedoch erwies sich dieser Zusammenhang mit p = .07 als knapp nicht signifikant.

6.3 Fernsehnutzung

Nach der Darstellung der Internetnutzung, befasst sich dieser Abschnitt nun mit der Fernseh- und Videotextnutzung. Insbesondere geht es darum, die befragten Personen in verschiedene Fernsehnutzertypen einzuteilen. Dazu ist es jedoch notwendig, sich vorher das allgemeine Nutzungsverhalten der Stichprobe anzuschauen, weil davon auszugehen ist, dass sich die unterschiedlichen Nutzergruppen auch hierin unterscheiden.

6.3.1 Allgemeine Nutzung

Wie bereits in Kap. 6.1 dargestellt, verfügen 99% der Befragten über ein Fernsehgerät. Damit ist es, zusammen mit dem Radio, das meist verbreitetste Medium. Etwas mehr als $^2/_3$ empfangen die dazugehörigen Programme über einen Kabelanschluss, nur jeweils 16% über eine Antenne oder Satellitenanlage. Dabei verfügen diejenigen, die in einer Wohngemeinschaft leben, noch eher über einen „veralteten" Antennenanschluss als andere (vgl. Tab. A17). Dahingegen findet man Satellitenanlagen überdurchschnittlich oft bei Studenten, die noch bei ihren Eltern wohnen und somit für die Anschaffungskosten dieser Anlage nicht aufkommen müssen.

Durchschnittlich können mit einem Antennenanschluss sieben bis acht Programme empfangen werden. Mit einem Kabel- oder Satellitenanschluss erhöht sich diese Zahl auf 28 bis 29 Programme.[84] Die Art des Programmempfangs und somit die Anzahl der zur Verfügung stehenden Programme hat natürlich Auswirkungen auf die Nutzungsdauer. Personen mit einem Kabel- oder Satellitenanschluss schauen im Durchschnitt knapp eine Stunde länger fern als Personen mit einem Antennenanschluss (vgl. Tab. A18). Dies gilt auch für das Wochenende. Die Erklärung hierfür liegt einfach im größeren Programmangebot und der damit verbundenen höheren Wahrscheinlichkeit, etwas sehenswertes zu finden.

Grundsätzlich wird am Sonnabend und Sonntag eine Stunde länger fern gesehen als in der Woche. Dabei verschiebt sich die Fernsehnutzung am Wochenende mehr auf den Nachmittag (Abb. 6.5). Dennoch liegt die Prime-Time auch am Wochenende eindeutig in den Abendstunden.

---

[84] Gerade bei Personen mit einer Satellitenanlage ist dieser Mittelwert nicht aussagekräftig. So reicht der Range von sechs bis 60 Programme. Die Wahrscheinlichkeit ist relativ hoch, dass viele Befragte die Möglichkeit des Empfangs mit der Anzahl der in ihrem Fernsehgerät eingestellten Fernsehsender gleichgesetzt haben.

Der Verschiebungseffekt kann darauf zurückgeführt werden, dass viele Studenten am Wochenende abends nicht zu Hause sind und somit auch keine Möglichkeit haben, fernzusehen.

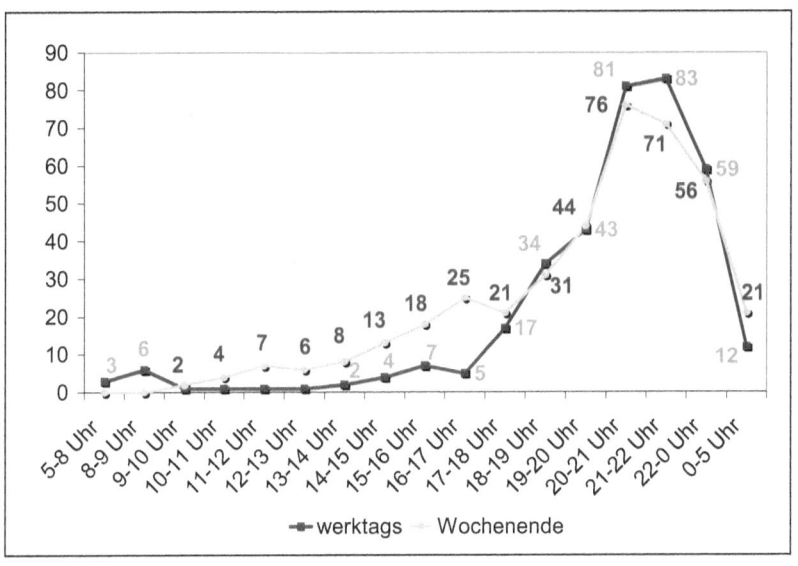

Abbildung 6.5: Fernsehnutzung im Tagesverlauf (in %)

6.3.2 Videotextnutzung

Während man beim Fernsehen größtenteils von einer täglichen Nutzung seitens der Rezipienten ausgehen kann, ist dies beim Videotext nicht der Fall. Mehr als ¼ der befragten Studenten (26%) können über dieses Medium gar nicht erst verfügen, da ihr Fernsehgerät nicht mit der notwendigen Technik ausgestattet ist.[85] Weiterhin geben 13% an, den Videotext nicht zu nutzen, obwohl sie die Möglichkeit dazu haben. Somit wird dieses Medium nur von sechs von zehn Studenten genutzt. Immerhin 37% derjenigen, die über die Videotextfunktion in ihrem Fernseher verfügen, geben an, mindestens einmal am Tag Informationen aus dem Videotext abzurufen. Insbesondere Männer machen häufiger davon Gebrauch als Frauen (vgl. Tab. A19). Des weiteren steht die Videotextnutzung in einem engen Zusammenhang zur Fernsehnutzung, d.h. je mehr Fernsehen geschaut wird, desto eher wird auch das Angebot des Videotexts genutzt (vgl. Tab. A20/A21).

---

[85] Dies ist u.a. auf veraltete bzw. preiswerte Fernsehgeräte zurückzuführen.

Am häufigsten werden im Videotext aktuelle Information über das Fernsehprogramm abgerufen.[86] Erst mit einigem Abstand folgen Serviceangebote (Wetter etc.) und Sportnachrichten. Für Nachrichten aus den Bereichen Politik, Wirtschaft und Kultur interessieren sich hingegen nur weniger als 30%.

Dabei gibt es signifikante Unterschiede zwischen Männern und Frauen. Während Männer häufiger Informationen aus „ihren Traditionsbereichen" Sport und Wirtschaft abrufen, nutzen Frauen eher die Angebote aus dem Servicebereich. Beim Abruf von aktuellen Programminformationen gibt es hingegen keine geschlechtsspezifischen Unterschiede (vgl. Tab. A22). Das Fernsehprogramm scheint alle gleichermaßen zu interessieren.

6.3.3 Typen von Fernsehnutzern

Nun ist es das Ziel dieser Arbeit, einen Vergleich zwischen dem Fernseh- und dem WWW-Nutzungsverhalten durchzuführen. Dazu ist es jedoch erst einmal notwendig, die befragten Personen in Gruppen von verschiedenen Fernsehnutzertypen einzuteilen. Dies wird mit Hilfe einer 13-teiligen Itembatterie bewerkstelligt, welche die Befragten zu bewerten hatten. Die Bewertung erfolgt auf einer 7-stufigen unipolaren Likert-Skala von $-3 =$ „trifft überhaupt nicht zu" bis $+3 =$ „trifft voll und ganz zu" (Abb. 6.6). Die Null, als mittlerer Skalenwert, dient hierbei als Ausweichkategorie.[87]

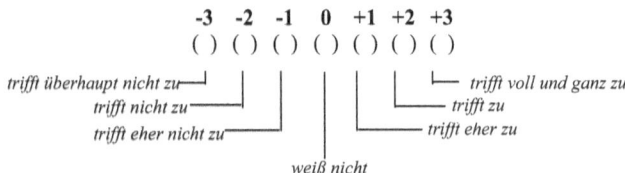

Abbildung 6.6: 7-stufige unipolare Likert-Skala zur Bewertung der Itembatterie

Die zu bewertende Itembatterie enthält Aussagen zum Umschaltverhalten während des laufenden Fernsehprogramms (Switching), zum Umschaltverhalten bei Werbeunterbrechungen (Zapping) sowie zum Einschaltverhalten (Flipping). In den Abbildungen 6.7 und 6.8 sind die Mittelwerte der einzelnen Aussagen abgetragen. Deutlich erkennbar ist die negative Einstellung zur Werbung und das daraus resultierende Nutzungsverhalten des Zapping. So empfinden mehr als die Hälfte der Befragten die Aussage „*Werbung empfinde ich als störend*" als zutref-

---

[86] Das liegt allerdings nicht am Fehlen einer Fernsehzeitschrift o.ä., sondern vielmehr daran, dass im Videotext aktuelle Programmänderungen umgehend angezeigt werden.
[87] Vgl. hierzu auch die Anmerkungen in Kapitel 5.2.2.

fend. Auch die Aussagen „*Sobald Werbung im Fernsehen kommt schalte ich weg*" und „*Ich schalte hin und her bis der Werbeblock beendet ist*" werden von der Mehrheit als zutreffend bezeichnet (vgl. Tab. A23 – A23b).

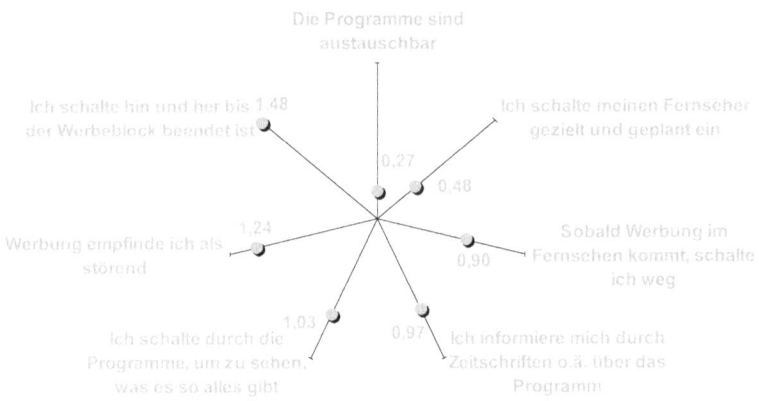

Abbildung 6.7: Aussagen zur Fernsehnutzung mit positiven Mittelwerten

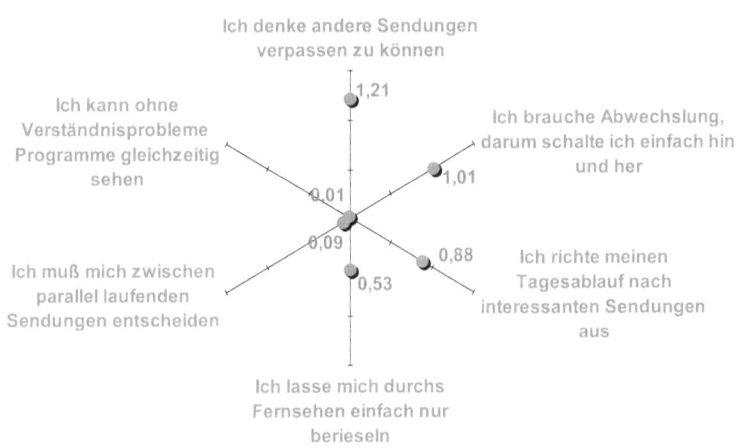

Abbildung 6.8: Aussagen zur Fernsehnutzung mit negativen Mittelwerten

Für die Verhaltensweisen Switching und Flipping lassen sich in diesem Stadium der Analyse noch keine Angaben machen. Dazu sind die Mittelwerte nicht aussagekräftig genug. Immerhin lässt sich soviel sagen, dass sich die Mehrheit der

Befragten durch Zeitschriften o.ä. über das Programmangebot informiert, sich aber gleichzeitig durch den Fernseher nicht vorschreiben lässt, wie sie ihren Tagesablauf zu gestalten hat. Weiterhin schaltet die Mehrheit durch die Programme, um zu sehen, welche Sendungen gerade laufen. Hingegen wird ein Umherschalten zur Abwechslung von mehr als der Hälfte der Befragten als nicht zutreffend bezeichnet.

Nicht zuletzt weil diese Ergebnisse etwas widersprüchlich erscheinen, werden die verschiedenen Aussagen nachfolgend einer Faktorenanalyse unterzogen. Ziel dieser Faktorenanalyse ist es, im Sinne eines datenreduzierenden Verfahrens, die mehrdimensionalen Zusammenhänge[88] zwischen den einzelnen Aussagen, auf einige wenige grundlegende Faktoren zu reduzieren.

Faktoren Einzelindikatoren	Erklärte Varianz [1] Faktorladung
Faktor I: Switching	**19%**
Ich lasse mich durchs Fernsehen einfach nur berieseln	.75
Ich schalte meinen Fernseher gezielt und geplant ein	-.74
Ich schalte durch die Programme, um zu sehen, was es so alles gibt	.64
Ich brauche Abwechslung, darum schalte ich einfach hin und her	.64
Ich denke andere Sendungen verpassen zu können	.44
Faktor II: Zapping	**17%**
Sobald Werbung im Fernsehen kommt, schalte ich weg	.89
Werbung empfinde ich als störend	.81
Ich schalte hin und her bis der Werbeblock beendet ist	.75
Faktor III: Flipping	**13%**
Für interessante Sendungen, richte ich meinen Tagesablauf danach aus	.73
Ich muss mich zwischen parallel ausgestrahlten Sendungen entscheiden	.66
Ich informiere mich durch Zeitschriften o.ä. über das Programmangebot	.63
Faktor IV: Hopping	**9%**
Ich kann ohne Verständnisprobleme mehrere Programme gleichzeitig sehen	.93

[1] Erklärter Anteil der Gesamtvarianz im Modell 57,9%; KMO = .68; Bartlett = 631; p < .001

Tabelle 6.4: Verhaltensmotive bei der Fernsehnutzung – Ergebnisse einer Faktorenanalyse

In diesem Fall bedeutet das, dass die verschiedenen Aussagen auf die drei Dimensionen *Switching*, *Zapping* und *Flipping* projiziert werden sollen. Hinzu kommt noch eine weitere Dimension, die aus der des Switching extrahiert wird. Dabei handelt es sich um das *Hopping*, als Spezialfall des Switching (vgl. Kap. 4.3.2). Somit werden für die Analyse vier Faktoren vorgegeben. Als Verfahren

---

[88] Die Zusammenhänge basieren auf Korrelationen.

wird eine Hauptkomponentenanalyse (PCA) mit anschließender Varimax-Rotation gewählt.[89] Wie der Tabelle 6.4 zu entnehmen ist, passt das Modell mit vier Faktoren relativ gut. Gerade die ersten beiden Faktoren Switching und Zapping erklären zusammen etwa 36% der Ausgangsvarianz. Dies deutet auf besonders starke Zusammenhänge innerhalb dieser zwei Dimensionen. Die Varianzaufklärung der beiden anderen Faktoren ist hingegen geringer.

Auf dem ersten Faktor laden alle Aussagen, die sich mit dem Umschaltverhalten während des laufenden Programms beschäftigen. Zu beachten ist die negative Ladung der Aussage *„Ich schalte meinen Fernseher gezielt und geplant ein"*. Somit steht ein hoher positiver Faktorwert für ein Nutzungsverhalten, welches von häufigem, ziellosen Umschalten sowie vom Fernsehen zur Entspannung geprägt ist. Dieses Verhalten kann eindeutig als *Switching* bezeichnet werden.

Der zweite Faktor enthält jene Aussagen, die sich mit dem Thema Umschaltverhalten bei Werbeunterbrechungen auseinandersetzen. Hier bedeutet eine hoher positiver Faktorwert ein durch Werbevermeidung geprägtes Umschaltverhalten, so dass dieser Faktor eindeutig mit dem Stichwort *Zapping* gekennzeichnet werden kann.

Unter dem Begriff *Flipping* können hingegen die Aussagen zusammengefasst werden, die auf dem dritten Faktor laden. Dabei handelt es sich bei einem hohen positiven Faktorwert um das gezielte Auswählen und Einschalten von Fernsehsendungen. Der Faktor *Hopping* besteht hingegen nur aus einer einzigen Aussage. Die Faktorladung beträgt allerdings .93 und die Stichprobe ist größer als n = 300, so dass, trotz einiger Bedenken in der Literatur (Bortz 1993: 511f), die Einzelaussage als eigenständiger Faktor in diesem Modell beibehalten wird.

Mit dem nun folgenden clusteranalytischen Verfahren werden die befragten Personen für jeden der Faktoren *Switching, Zapping, Flipping* und *Hopping* in Gruppen eingeteilt, die sich in ihrem Nutzungsverhalten ähneln.

An dieser Stelle ist es notwendig, sich kurz noch einmal den theoretischen Hintergrund vor Augen zu führen. Es ist nicht davon auszugehen, dass es *den* Switcher, *den* Zapper, *den* Flipper oder *den* Hopper gibt. Vielmehr wird je nach Situation ein Matching zwischen den verschiedenen Verhaltensweisen stattfinden. Aus diesem Grund wäre es nicht sinnvoll eine Clusteranalyse mit allen Faktoren gleichzeitig durchzuführen. Im Endergebnis würde man eine Vielzahl von unterschiedlichen Fernsehnutzergruppen bekommen, die es

---

[89] Die Aussage *„Die Programme sind austauschbar"* wird nicht in die Analyse miteinbezogen, da 19% der Befragten sie nicht bewerten können. Der durchschnittliche Anteil von Antworten in der Ausweichkategorie liegt ansonsten bei 9%. Somit scheint die Aussage aus Sicht der Befragten unklar oder nicht eindeutig genug formuliert zu sein.

schiedlichen Fernsehnutzergruppen bekommen, die es ebenfalls in der Realität so nicht gibt.[90] Vor diesem Hintergrund wird mit jedem Faktor eine einzelne Clusteranalyse durchgeführt. Somit können die Personen nach ihrem Verhalten bzgl. jedes einzelnen Faktors gruppiert werden.

Als Verfahren wird hierfür eine hierarchische Clusteranalyse unter Verwendung des Ward-Algorithmus gewählt.[91] Für die Bestimmung der Clusteranzahl, in die sich die Personen sinnvoll einteilen lassen, liefert das sogenannte Struktogramm wichtige Anhaltspunkte. Von links kommend zeigt das Struktogramm den Fehlerquadratsummenzuwachs der letzen 20 Fusionsstufen. Der rote Kreis kennzeichnet die Stelle, an der die Grafik einen deutlichen Sprung beim Fehlerquadratsummenzuwachs aufzeigt. Anhand der nach diesem Punkt noch folgenden Anzahl von Fusionsstufen (in der Grafik als Punkte dargestellt) kann man erkennen, in wie viele Cluster sich die Personen sinnvoll einteilen lassen. Für die hier zu analysierenden Faktoren, bietet sich eine Lösung mit jeweils drei Clustern an, da jedes Mal nach der viertletzten Fusionsstufe (Kreis) ein deutlicher Anstieg des Fehlerquadratsummenzuwachses zu erkennen ist. (Abb. 6.9).

---

[90] So könnte es eine Gruppe geben, in der Personen sind, die überdurchschnittlich viel zappen und switchen, aber nie hoppen und nur ein bißchen flippen. Oder vielleicht eine Gruppe, die gar nicht switcht, nur ein wenig zappt, aber häufig flippt und hoppt. Dieses Verhalten wird jedoch in den Gruppen nicht konstant bleiben, da es, wie bereits beschrieben, situationsabhängig ist.

[91] Bei der Ward-Methode werden sukzessive die Elemente zusammengefasst, durch deren Fusion die geringste Erhöhung der Fehlerquadratsumme erreicht wird (vgl. Bortz 1993: 532ff.).

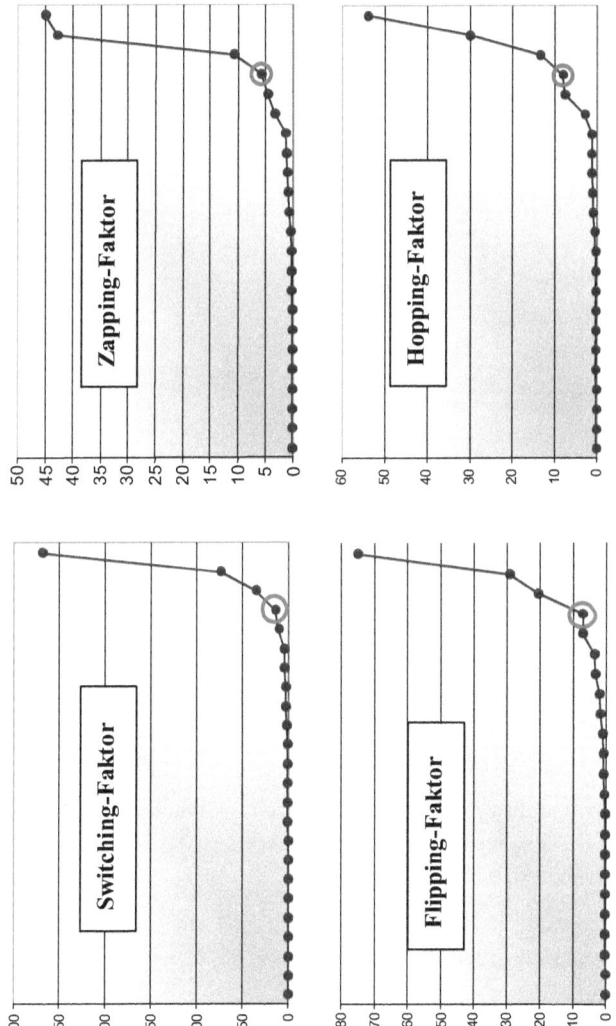

Abbildung 6.9: Struktogramme der einer einzelnen Faktoren

Bildet man daraufhin die Mittelwerte des Faktorwerts für jede der drei Gruppen, so erhält man für jeden Faktor eine Personengruppe mit einem hohen positiven, einem hohen negativen und einem mittleren Faktorwert (Tab. 6.5).

Zappingfaktor	Mittelwert	N	Standardabweichung
Switching-Faktor			
Viel-Switcher	1.34	95	.43
Wenig-Switcher	-1.10	147	.50
weder noch	.18	183	.32
Zapping-Faktor			
Viel-Zapper	.90	171	.29
Wenig-Zapper	-1.26	132	.65
weder noch	.10	122	.22
Flipping-Faktor			
Viel-Flipper	.99	167	.51
Wenig-Flipper	-1.21	122	.48
weder noch	-.13	136	.27
Hopping-Faktor			
Viel-Hopper	.85	211	.49
Wenig-Hopper	-1.38	98	.34
weder noch	-.37	116	.31

Tabelle 6.5: Mittelwerte der Fernsehnutzergruppen auf den einzelnen Faktoren – Ergebnisse einer Clusteranalyse

Für die Interpretation, der durch die Clusteranalyse gebildeten Gruppen, gilt:

- In der Gruppe mit dem *hohen positiven Mittelwert* sind die Personen zusammengefasst, die überdurchschnittlich *häufig* nach dem Nutzungsmuster des jeweiligen Faktors (Switching, Zapping, Flipping oder Hopping) verfahren.

- In der Gruppe mit dem *hohen negativen Mittelwert* sind die Personen zusammengefasst, die überdurchschnittlich *selten* nach dem Nutzungsmuster des jeweiligen Faktors verfahren.

- Die Personen, in der Gruppe mit dem *mittleren Faktorwert*, tendieren *weder* zu dem einen *noch* zu dem anderen Nutzungsmuster des jeweiligen Faktors.

Anhand dieser Einteilung können nun die verschiedenen Gruppen von Fernsehnutzern hinsichtlich ihres Nutzungsverhaltens im World Wide Web untersucht werden. Im Vordergrund steht dabei die Überprüfung der in Kapitel 5.1 aufgestellten Hypothesen. Dazu werden jeweils die beiden Gruppen mit dem *hohen positiven* und dem *hohen negativen* Mittelwert miteinander verglichen. Die Gruppe der Personen mit dem mittleren Faktorwert wird nicht in die Analyse miteinbezogen, da es aufgrund der Hypothesenbildung (vgl. Kap. 5.1) nur um einen Vergleich zwischen der Gruppe von Personen, die häufig, und der Gruppe, die selten nach dem jeweiligen Nutzungsmuster verfährt (z.B. Viel-Switcher vs. Wenig-Switcher), geht.

6.4 Typen von Fernsehnutzern und ihr Selektionsverhalten im WWW

6.4.1 Switcher

Knapp ¼ der befragten Personen (22%) können der Gruppe der Viel-Switcher zugeordnet werden. 35%, also mehr als ein Drittel, werden hingegen in der Gruppe der Wenig-Switcher zusammengefasst (Tab. 6.5). Bei einer Analyse der soziodemographischen Daten lassen sich keine signifikanten Unterschiede oder Zusammenhänge zwischen diesen beiden Gruppen aufzeigen. Für den Aspekt des Fernsehnutzungsdauer gilt dies jedoch nicht. Viel-Switcher schauen signifikant länger fern als Wenig-Switcher (vgl. Tab A24). Dies beruht auf einer gewissen Logik, denn derjenige, der länger fernsieht, wird auch häufiger vor die Wahl gestellt, im Programm hin- und herzuschalten.

Die Bekanntheit und Nutzung von Suchmaschinen. Entgegen der in den Hypothesen 1a und 1b formulierten Annahme, gibt es im Umgang mit Suchmaschinen keine Unterschiede zwischen Viel-Switchern und Wenig-Switchern. Beide Gruppen kennen im Durchschnitt sechs Suchmaschinen, von denen sie vier schon einmal benutzt haben (Tab. 6.6). Dies entspricht dem Gesamtmittel der Stichprobe.

Nutzung und Bekanntheit von Suchmaschinen	Gesamt n = 425	Viel-Switcher n = 95	Wenig-Switcher n = 147
Bekanntheit von Suchmaschinen	**6.02**	5.73	6.01
Nutzung von Suchmaschinen	**4.10**	3.95	4.05

Tabelle 6.6: Switchergruppen und die Nutzung von Suchmaschinen - Mittelwerte

Gleiches gilt auch für Metasuchmaschinen und Web-Kataloge. Auch hier gibt es keine Unterschiede in der Bekanntheit oder Nutzung. Somit müssen beide Hypothesen verworfen werden. Jedoch gibt es andere Untersuchungsergebnisse, mit denen die Annahme, dass Viel-Switcher eher am Auffinden neuer Webseiten interessiert sind als Wenig-Switcher, gestützt wird.

Die Verwendung von Bookmarks. Viel-Switcher und Wenig-Switcher haben sich im Durchschnitt die gleiche Anzahl von Bookmarks angelegt. Allerdings benutzen Viel-Switcher beim Navigieren im WWW weniger Bookmarks als Wenig-Switcher (Tab. 6.7).

Nutzung von Bookmarks [1]	Gesamt [2]	Viel-Switcher	Wenig-Switcher
angelegte Bookmarks	**1.61** (425)	1.41 (95)	1.50 (147)
genutzte Bookmarks*	**2.90** (249)	2.65 (51)	3.21 (84)

[1] Die Skalierung reicht von 0 = „habe keine Bookmarks" bis 4 = „habe mehr als 30 Bookmarks".
[2] Die in den Klammern dargestellte Zahl ist die Fallzahl. Diese variiert je nach Anzahl der Missings und aufgrund von Filterfragen.
* $p \leq .05$ (t-Test)

Tabelle 6.7: Switchergruppen und die Nutzung von Bookmarks – Mittelwerte

Dieses Ergebnis ist, die Ursprungsannahme betrachtend, auf den ersten Blick überraschend und somit interpretationsbedürftig. Die Interpretation ist jedoch plausibler und verständlicher, wenn man sich zuvor einige andere Ergebnisse der Befragung vor Augen führt.

Die Zielgerichtetheit des Navigationsprozesses. Das Nutzungsmuster des ziellosen „Surfens" bzw. die Spontaneität während des Navigationsvorgangs ist bei der Gruppe der Viel-Switcher stärker ausgeprägt als bei der Gruppe der Wenig-Switcher. Somit könnte man sagen, dass sich Wenig-Switcher im Gegensatz zu Viel-Switchern sehr viel bewußter im Web bewegen. Die Daten der Tabelle 6.8 verdeutlichen dies. So geben Wenig-Switcher eher an, gezielt durchs Web zu „surfen", um Zeit und Geld zu sparen, als Viel-Switcher. Des weiteren planen sie ihren Nutzungsvorgang eher und gehen mit Hilfe der Funktionsleiste des Browsers systematischer vor.

Webnutzung – Gründe und Verhalten	Gesamt [1]	Viel-Switcher	Wenig-Switcher
Gründe für die Webnutzung			
zielloses „Surfen" ***	.50 (425)	.62 (95)	.39 (147)
Verhalten während der Webnutzung			
Ich plane vorher nicht, was ich mir im WWW ansehen möchte*	-1.08 (392)	-.84 (89)	-1.35 (141)
Ich „surfe" gezielt, um Zeit und Geld zu sparen*	.30 (376)	-.04 (83)	.63 (128)
Manche Links verleiten mich geradezu zum Anklicken*	-.55 (388)	-.25 (87)	-.86 (132)
Ich überlege mir gut, ob ich einen Banner anklicke**	.50 (370)	-.01 (86)	.82 (122)
Mit der Funktionsleiste „surfe" ich systematisch durchs Netz*	-.38 (299)	-.67 (77)	-.03 (101)

[1] Die in den Klammern dargestellte Zahl ist die Fallzahl. Diese variiert je nach Anzahl der Missings und aufgrund von Filterfragen.
*** $p \leq .001$ (t-Test); ** $p \leq .01$ (t-Test); * $p \leq .05$ (t-Test)

Tabelle 6.8: Switchergruppen und die Webnutzung – Mittelwerte

Dieses Verhalten erinnert an die Nutzung der Fernbedienung beim Fernsehen. Auch dort können Viel-Zapper mit Hilfe der Programmselektionstaste systematisch durch die Sender schalten. Im World Wide Web wäre dies (softwaretechnisch) die Funktionsleiste des Browsers mit ihrer Vor- und Zurück-Taste. Diese systematische Vorgehensweise drückt sich auch in der unterschiedlichen Bewertung von Bannern aus. Während Viel-Switcher schon einmal durch besonders interessant gestaltete Banner dazu verleitet werden, diese anzuklicken, überlegen sich Wenig-Switcher diesen Schritt zweimal. Vor diesem Hintergrund wird auch das bereits angesprochene Ergebnis, dass Viel-Switcher weniger Bookmarks benutzen, verständlicher. Viel-Switcher „surfen" einfach unreflektierter durch das WWW. Webseiten, die sie schon einmal aufgerufen haben, oder Inhalte, die sie schon kennen bzw. glauben zu kennen, verlieren für sie an Interesse. Sie möchten nach Möglichkeit immer etwas neues finden. Somit gleicht ihr Selektionsverhalten im World Wide Web dem beim Fernsehen.

Fazit: Diese Ergebnisse bedeuten, dass die Grundannahme, Viel-Switcher *sind immer daran interessiert, einen umfassenden Überblick über das WWW zu bekommen, da sie hoffen, eine noch interessantere Website als die gerade aufgerufene zu finden*, bestätigt wird. Es muss lediglich die hypothetische Umsetzung in eine Mehrnutzung von Meta-/ Suchmaschinen und Webkatalogen verworfen werden.

6.4.2 Zapper

Wie bereits in Kapitel 6.3.3 dargestellt, ist die Akzeptanz von Werbung nicht sehr hoch. Deshalb ist es auch nicht verwunderlich, dass 40% der Befragten zu der Gruppe der Viel-Zapper zu zählen sind. Die Gruppe der Wenig-Zapper besteht immerhin aus 31% (Tab. 6.5). Wie schon beim Switching, lassen sich auch hier keine Unterschiede in den soziodemographischen Angaben feststellen. Gleiches gilt auch für die Fernsehnutzungsdauer. Allerdings ist der Signifikanzwert des t-Tests, bezogen auf die werktägliche Fernsehnutzung, mit p = .06 nur äußerst knapp über der Grenze. So kann zumindest von einem Trend[92] dahingehend gesprochen werden, dass Viel-Zapper in der Woche länger fernsehen als Wenig-Zapper. Bezogen auf die Wochenendnutzung hat dieser Trend jedoch keine Gültigkeit.

---

[92] Statistisch betrachtet, ist dieses Ergebnis natürlich nicht signifikant und der Koeffizient dürfte nicht interpretiert werden. Allerdings ist es durchaus plausibel, dass Personen, die viel zappen, auch länger fernsehen. Denn je länger der Fernseher eingeschaltet ist, desto größer ist die Wahrscheinlichkeit, mit Werbung konfrontiert zu werden. Deshalb wird der Signifikanzwert von p =.06 an dieser Stelle als Trend interpretiert.

Die Strategie der Werbevermeidung. In der Hypothese 2a wird angenommen, dass Fernsehzapper auch im World Wide Web versuchen, Werbung zu umgehen. Ein Blick auf die Ergebnisse in der Tabelle 6.9 zeigt, dass dieser Sachverhalt eindeutig zutrifft. Viel-Zapper finden Werbung auch im WWW wesentlich lästiger als Wenig-Zapper.[93]

Webnutzung – Gründe und Verhalten	Gesamt [(1)]	Viel-Zapper	Wenig-Zapper
Verhalten während der Webnutzung			
Werbung im WWW finde ich lästig[***]	1.03 (377)	1.65 (154)	.18 (114)
Ich „surfe" gezielt, um Zeit und Geld zu sparen[*]	.30 (376)	.51 (150)	-.05 (123)
Ich öffne bewusst mehrere Websites gleichzeitig[*]	-.66 (380)	-.80 (153)	-.27 (119)
Ich probiere gerne URLs aus, ohne zu wissen ob sie existieren[***]	.10 (348)	-.31 (137)	.60 (110)
Mit der Funktionsleiste „surfe" ich systematisch durchs Netz[*]	-.38 (299)	-.06 (126)	-.59 (93)

[(1)] Die in den Klammern dargestellte Zahl ist die Fallzahl. Diese variiert je nach Anzahl der Missings und aufgrund von Filterfragen.
[***] $p \leq .001$ (t-Test); [*] $p \leq .05$ (t-Test)

Tabelle 6.9: Zappergruppen und die Webnutzung – Mittelwerte

Diese Grundeinstellung spiegelt sich erkennbar in ihrem Selektionsverhalten wider. So „surfen" Viel-Zapper etwas gezielter als Wenig-Zapper durch das Netz, um Zeit und Geld zu sparen. Im Hintergrund wird dabei der Gedanke mitspielen, dass mit jedem neu ausgewählten Link die Gefahr besteht, Werbebanner oder Popup-Windows aufzurufen. Aus diesem Grund sind sie, im Gegensatz zu Wenig-Zappern, auch vorsichtiger beim Ausprobieren unbekannter URLs und öffnen seltener mehrere Websites gleichzeitig. Sie möchten den Navigationsprozess so gut wie möglich unter Kontrolle haben, und nötigenfalls Entscheidungen einfach wieder rückgängig machen können. Deshalb nutzen Viel-Zapper auch eher die Funktionsleiste des Browsers.

Fazit: Viel-Zapper und Wenig-Zapper unterscheiden sich deutlich in ihrem Umgang mit Werbung im World Wide Web. Während Wenig-Zapper Werbung auch mal „ertragen" können, versuchen Viel-Zapper diese mit verschiedenen Selektionsstrategien zu umgehen. Da sich die beiden Gruppen in anderen Bereichen, wie z.B. der Nutzung von Bookmarks oder Suchmaschinen, nicht unterscheiden, können diese Effekte einzig und allein der Werbevermeidungsstrategie zugeschrieben

---

[93] Interessant ist hierbei, dass sogar die Gruppe der Wenig-Zapper bei dieser Aussage einen (wenn auch niedrigen) positiven Mittelwert aufweist. D.h. selbst diejenigen, die Werbung eher seltener wegschalten, empfinden Werbeunterbrechungen als störend.

werden. Somit wird die Hypothese 2a, *da Viel-Zapper bei der TV-Nutzung jegliche Form der Werbung zu vermeiden versuchen, sind sie auch im WWW daran interessiert, Werbung zu umgehen*, bestätigt.

6.4.3 Flipper

Die Gruppe der Viel-Flipper umfasst 29% der befragten Personen, die Gruppe der Wenig-Flipper 39% (Tab. 6.5). Wie schon zuvor gibt es auch bei diesen beiden Gruppen keine soziodemographischen Unterschiede. Allerdings nutzt die Gruppe der Wenig-Flipper das Medium Fernsehen häufiger und länger als die Gruppe der Viel-Flipper (vgl. Tab A25).

Die Nutzung von Browserfunktionen und Suchmaschinen. Die Hypothese 1c stellt die Behauptung auf, dass Viel-Flipper eher Bookmarks und andere Browserfunktionen als Wenig-Flipper benutzen, weil sie somit systematischer durch das World Wide Web navigieren und ihre Entscheidungen unkompliziert wieder rückgängig machen können. Der Blick auf die Daten zeigt jedoch ein anderes Bild.

Nutzung von Browserfunktionen und Suchmaschinen	Gesamt [4]	Viel-Flipper	Wenig-Flipper
Bookmarks [1]			
angelegte Bookmarks	**1.61** (425)	1.53 (122)	1.66 (167)
genutzte Bookmarks	**2.90** (249)	2.92 (64)	2.79 (98)
History-Funktion [2]	**1.42** (255)	1.48 (79)	1.30 (93)
Nutzung von Suchmaschinen			
Bekanntheit von Suchmaschinen	**6.02** (425)	6.05 (122)	5.90 (167)
Nutzung von Suchmaschinen	**4.10** (425)	4.08 (122)	4.12 (167)
bestimmte URL als Erstaufruf [3] *	**.25** (425)	.32 (122)	.20 (167)

[1] Die Skalierung reicht von 0 = „habe keine Bookmarks" bis 4 = „habe mehr als 30 Bookmarks".
[2] Die Skalierung reicht von 0 = „nie" bis 3 = „sehr häufig".
[3] Die Skalierung beruht sich auf einer dichotomen Skala mit den Ausprägungen 0 = „nein" und 1 „ja".
[4] Die in den Klammern dargestellte Zahl ist die Fallzahl. Diese variiert je nach Anzahl der Missings und aufgrund von Filterfragen.
* $p \leq .05$ (t-Test)

Tabelle 6.10: Flippergruppen und die Webnutzung – Mittelwerte

Wie die Tabelle 6.10 zeigt, verfügen beide Gruppen über die gleiche Anzahl von Bookmarks, nutzen die History-Funktion ihres Browsers gleich oft, und kennen bzw. verwenden die gleiche Anzahl von Suchmaschinen. Allerdings rufen Viel-

Flipper eher eine bestimmte URL zu Beginn ihres Navigationsprozesses auf.[94] Zumeist ist dies eine Metasuchmaschine. Dies würde darauf hindeuten, dass die Gruppe der Viel-Flipper ihre WWW-Sitzung weniger gezielt beginnt als die Gruppe der Wenig-Flipper, da sie (abgesehen von der Metasuchmaschine) erst nach konkreten Webseiten suchen muss. Nicht zu vergessen ist hierbei jedoch, dass dies nur ein winziger Teilaspekt ist, so dass die Annahme der Hypothese 1c verworfen werden muss.

Gleichzeitig geben Viel-Flipper eher als Wenig-Flipper an, im World Wide Web gezielt nach Verbrauchertips zu suchen und Informationen abzufragen (Tab. 6.11). Damit wird die Hypothese 2b, *ein gezieltes Einschalten von Fernsehsendungen oder –Sendern (Wenig-Flipper), führt auch zum gezielten Aufrufen von Webseiten*, teilweise bestätigt.

Webnutzung – Gründe	Gesamt n = 425	Viel-Flipper n = 122	Wenig-Flipper n = 167
Gezielte Suche nach Verbrauchertips**	**.18**	-.02	.23
Gezieltes Abrufen von Informationen	**.88**	.82	.89

** $p \leq .01$ (t-Test)

Tabelle 6.11: Flippergruppen und ihre Gründe für die Webnutzung – Mittelwerte

Fazit: Die Verwerfung der Hypothese 1c und die nur teilweise bestätigte Hypothese 2b zeigen, dass es kaum Unterschiede im WWW-Nutzungsverhalten zwischen Viel-Flippern und Wenig-Flippern gibt. Im Gegenteil. Bezogen auf das Nutzungsmuster des Flipping stellt sich die Gesamtstichprobe als eine relativ homogene Gruppe dar. Dies könnte ein Indiz dafür sein, dass solch ein differenziertes Nutzungsmuster nur schwer mit Hilfe eines Fragebogens operationalisierbar ist.

6.4.4 Hopper

Die Analyse der Daten unter dem Gesichtspunkt des Hopping, zeigt ähnliche Ergebnisse wie zuvor beim Flipping. Die Hälfte der befragten Personen gehört zu der Gruppe der Viel-Hopper. Damit stellen sie die größte Nutzergruppe innerhalb dieser Untersuchung dar. Die Gruppe der Wenig-Hopper besteht aus 23% der Befragten (Tab. 6.5). Wie nicht anders zu erwarten, gibt es keine soziodemographischen Unterschiede, und auch die Dauer der Fernsehnutzung unterscheidet sich nicht signifikant.

---

[94] Dies darf nicht mit dem Einrichten einer Startseite verwechselt werden. Darin gibt es keine Unterschiede zwischen beiden Gruppen.

Die Nutzung von Browserfunktionen und Suchmaschinen. Analog zu der Gruppe der Viel-Flipper, stellt die Hypothese 1c die Behauptung auf, dass Viel-Hopper eher Bookmarks und andere Browserfunktionen als Wenig-Hopper benutzen, weil sie somit systematischer durch das World Wide Web navigieren und ihre Entscheidungen unkompliziert wieder rückgängig machen können. Doch ebenso wie beim Flipping, zeigen die Daten diesbezüglich keine Unterschiede (Tab. 6.12).

Nutzung von Browserfunktionen und Suchmaschinen	Gesamt [4]	Viel-Flipper	Wenig-Flipper
Bookmarks [1]			
angelegte Bookmarks	**1.61** (425)	1.53 (122)	1.66 (167)
genutzte Bookmarks	**2.90** (249)	2.92 (64)	2.79 (98)
History-Funktion [2]	**1.42** (255)	1.48 (79)	1.30 (93)
Nutzung von Suchmaschinen			
Bekanntheit von Suchmaschinen	**6.02** (425)	6.05 (122)	5.90 (167)
Nutzung von Suchmaschinen	**4.10** (425)	4.08 (122)	4.12 (167)
bestimmte URL als Erstaufruf [3] *	.25 (425)	.32 (122)	.20 (167)

[1] Die Skalierung reicht von 0 = „habe keine Bookmarks" bis 4 = „habe mehr als 30 Bookmarks".
[2] Die Skalierung reicht von 0 = „nie" bis 3 = „sehr häufig".
[3] Die Skalierung beruht sich auf einer dichotomen Skala mit den Ausprägungen 0 = „nein" und 1 „ja".
[4] Die in den Klammern dargestellte Zahl ist die Fallzahl. Diese variiert je nach Anzahl der Missings und aufgrund von Filterfragen.
* $p \leq .05$ (t-Test)

Tabelle 6.12: Flippergruppen und die Nutzung von Browserfunktionen und Suchmaschinen – Mittelwerte

Beide Gruppen nutzen die gleiche Anzahl von Bookmarks und Suchmaschinen, und die Nutzung des History-Funktion unterscheidet sich auch nicht. Allerdings liegt der Signifikanzwert vom t-Test bei $p = .09$, so dass hier eventuell von einem schwachen Trend gesprochen werden kann. Dieser Trend besagt, dass die Gruppe der Viel-Hopper eher die History-Funktion benutzt und somit etwas systematischer durch das WWW navigiert als die Gruppe der Wenig-Hopper. Dennoch sollte die Hypothese 1c, angesichts der Tatsache, dass es sich nur um einen sehr schwachen Trend handelt, und vor allem unter Berücksichtigung der Ergebnisse aus Kapitel 6.4.3, nun endgültig verworfen werden. Allerdings wird dieser schwache Trend zur Systematik aus Sicht der Hypothese 2c, *Viel-Hopper haben eher mehrere Navigationsfenster gleichzeitig geöffnet als Wenig-Hopper*, noch einmal interessant. Denn Viel-Hopper „surfen" eher mit der Funktionsleiste des Browser systematisch durchs Netz als Wenig-Hopper (Tab. 6.13).

Webnutzung – Verhalten	Gesamt [1]	Viel-Hopper	Wenig-Hopper
Ich öffne bewusst mehrere Websites gleichzeitig	-.66 (380)	-.52 (190)	-1.01 (87)
Im WWW finde ich schnell die Infos, die ich suche	.58 (391)	.65 (198)	.27 (91)
Mit der Funktionsleiste „surfe" ich systematisch durchs Netz*	-.38 (299)	-.23 (145)	-.75 (73)

[1] Die in den Klammern dargestellte Zahl ist die Fallzahl. Diese variiert je nach Anzahl der Missings und aufgrund von Filterfragen.
* $p \leq .05$ (t-Test)

Tabelle 6.13: Hoppergruppen und die Webnutzung – Mittelwerte

Dieses Ergebnis erinnert an ihr Fernsehnutzungsverhalten, wo sie auch mit der Fernbedienung systematisch durch die entsprechenden Programme schalten, um mehrere Sendungen gleichzeitig sehen zu können. Vor diesem Hintergrund wird der zugegebenermaßen schwache Trend zu Mehrnutzung der Funktionsleiste seitens der Viel-Hopper aufgewertet. Denn wie bereits in Kapitel 6.4.1 dargestellt, können die Funktionen der Fernbedienung mit denen der Funktionsleiste des Browsers verglichen werden. Leider zeigt sich auch im entscheidenden Nutzungsverhalten von Viel-Hoppern, der gleichzeitigen Nutzung verschiedener inhaltlicher Angebote, nur ein schwacher Trend ($p = .08$) dahingehend, dass Viel-Hopper eher mehrere Webseiten gleichzeitig öffnen als Wenig-Hopper. Ein signifikantes Ergebnis würde hier bedeuten, dass Viel-Hopper auch im WWW versuchen, mehrere Inhalte gleichzeitig zu konsumieren, und somit ihr Fernsehnutzungsverhalten auf das Medium World Wide Web übertragen. Der Weg dorthin könnte für sie nur über ein systematisches Vorgehen führen. Durch diese Systematik wären sie in der Lage, im WWW schnell die Informationen bzw. Webseiten zu finden, die sie suchen, und zwischen den verschiedenen Angeboten hin- und herzuschalten. Der Mittelwertvergleich beider Gruppen bzgl. diese Aussage ergibt jedoch auch keinen signifikanten Unterschied ($p = .07$) sondern nur den schwachen Trend, dass Viel-Hopper im World Wide Web schneller gesuchte Informationen finden als Wenig-Hopper.

Fazit: Obwohl in der Hauptsache nur schwache Trends zu erkennen sind, zeigen die oben aufgeführten Ergebnisse eine gewisse Bestätigung der Hypothese 2c. Viel-Hopper scheinen ihr Nutzungsverhalten, zumindest was den Parallelkonsum von Inhalten angeht, vom Fernsehen auf das WWW zu übertragen. Auch die zu verwerfende Hypothese 1c scheint, bezogen auf das Hopping, einen richtigen Ansatz zu verfolgen, denn immerhin zeigt sich hier eine Tendenz zum systematischen Vorgehen. Allerdings sind die Ergebnisse aus statistischer Sicht nicht verwertbar, so dass beide Hypothesen verworfen und zusätzliche empirische Untersuchungen durchgeführt werden müssen.

6.4.5 Videotextnutzer

Die Hypothese 3a geht davon aus, *dass Personen, die häufiger das Angebot des Videotextes nutzen auch eher aktuelle Angebote (Nachrichten- oder Sportticker etc.) aufrufen, da sie grundsätzlich daran interessiert sind, sich Informationen selbst zu besorgen.*[95] Eine Betrachtung der Korrelationsmatrix (Tab. 6.14) zeigt, dass hier durchaus Zusammenhänge existieren. So steht die Häufigkeit der Videotextnutzung in Zusammenhang mit der Abfrage aktueller Nachrichten und der Teilnahme an Newsgroups. Die Korrelationskoeffizienten sind zwar relativ klein, aber signifikant.[96]

	Abfrage aktueller Nachrichten n = 314	Teilnahme an Newsgroups etc. n = 314
Häufigkeit der Videotextnutzung [1]	.13	.11

[1] Für alle r: $p \leq .05$

Tabelle 6.14: Zusammenhänge Videotext- und WWW-Nutzung – Korrelationskoeffizienten

Der Zusammenhang zur Abfrage aktueller Nachrichten lässt sich durch das gesteigerte Informationsbedürfnis derer erklären, die auch im Videotext häufig aktuelle Meldungen aufrufen. Eine genauere Analyse der Daten stützt dieses Ergebnis, da gerade diejenigen, die sich im Videotext über aktuelle Meldungen aus den Bereichen Wirtschaft und Politik informieren, auch eher aktuelle Nachrichten im WWW abrufen (r = .14 (Politik) und .16 (Wirtschaft) mit $p \leq .05$). Die vermehrte Teilnahme an Newsgroups und Mailinglisten erklärt sich ebenfalls durch das verstärkte Interesse an aktuellem, denn oft wird in solchen Newsgroups oder Mailinglisten über aktuelle Entwicklungen und neue Studien etc. diskutiert. Somit gibt es eindeutige Anzeichen dafür, dass die Hypothese 3a gültig ist.

Für die Hypothese 3b, *TV-Nutzer, die gezielt Videotextseiten aufrufen, rufen auch eher gezielt inhaltliche Angebote im WWW auf bzw. diejenigen, die sich im Videotext eher der Index- bzw. Stichwortseiten bedienen, nutzen eher die Angebote von Suchmaschinen und Webkatalogen*, kann dies jedoch nicht behauptet werden. Das

---

[95] Auf die Angabe soziodemographischer Daten von Videotextnutzern wird an dieser Stelle verzichtet, da diese schon in Kapitel 6.3.2 dargestellt wurden.
[96] Der inhaltlich ebenfalls in den Aspekt der *selbständigen Informationsbeschaffung* passende Korrelationskoeffizient „gezielte Suche nach Verbrauchertips" beträgt .10, ist aber mit p = 0.7 leider knapp nicht signifikant.

Hauptproblem liegt darin, dass diese Hypothese mit den vorhandenen Daten nicht überprüft werden kann. Der theoretische Ansatz besteht darin, dass Personen, die Themenverzeichnisse aufrufen, wissen müssen, auf welchen Videotextseiten sie die verschiedenen Seiten finden. Dieses Verhalten könnte dann als gezieltes Aufrufen von Videotextseiten definiert werden. Die Nutzer des Gesamtverzeichnisses hingegen würden als diejenigen angesehen, die sich immer wieder vor Augen führen müssen, auf welchen Videotextseiten sie welche Informationen finden. Auf diesem Wege hätte dann ein Vergleich der beiden Gruppen bzgl. ihres Nutzungsverhaltens im World Wide Web durchgeführt werden können.

Nun ist es leider so, dass der Unterschied zwischen den beiden Verzeichnisarten durch die Frageformulierung anscheinend nicht deutlich geworden ist. So besteht zwischen der Nutzung beider Arten von Verzeichnissen eine hohe Korrelation von $r = .34$ ($p < .001$). Dies ist inhaltlich jedoch nicht plausibel, denn warum soll jemand, der weiß auf welchen Seiten sich die einzelnen Themenverzeichnisse befinden, zusätzlich in das Gesamtverzeichnis schauen. Ein Erklärungsansatz besteht höchsten darin, dass diese Personen erst im Gesamtverzeichnis nach den richtigen Seitenzahlen der Themenverzeichnisse suchen müssen. Jedoch ist dies keine zufriedenstellende Erklärung, da hier ein Wiederholungseffekt auftreten und dazu führen müsste, dass sich die Personen die Seitenzahlen merken können.[97]

Des weiteren geben 10% der Befragten an, nie ein Themenverzeichnis zu benutzen. Auch dieses Ergebnis ist nicht plausibel. Sicherlich kann man ohne die Nutzung des Gesamtverzeichnisses (14%) durch das Videotextangebot navigieren. Ohne die Verwendung von Themenverzeichnissen ist dies jedoch sehr mühselig und unwahrscheinlich. Die Personen müssten dann das gesamte Videotextangebot Seite für Seite durchgehen, um irgendwann die gewünschten Informationen zu bekommen. Dieses Nutzungsverhalten erscheint doch relativ fraglich. Aus diesen Gründen wird auf die Überprüfung der Hypothese 3b verzichtet.

6.4.6 Überblick

Nachdem nun viele verschiedene Ergebnisse präsentiert und zahlreiche Gruppen von Fernsehnutzern definiert wurden, dient dieses Kapitel dazu, noch einmal alle Ergebnisse kurz und präzise zusammenzufassen. Als Darstellungsform wird die tabellarische Übersicht gewählt, da diese einen schnellen Überblick ermöglicht. Somit werden die Grundvoraussetzungen für die im nächsten Kapitel folgende Bewertung und Diskussion der Ergebnisse geschaffen.

---

[97] Dies gilt um so mehr, wenn man bedenkt, dass es sich hierbei (z.B. beim Videotext von ARD und ZDF) um Seitenzahlen wie 100, 200, 300 etc. handelt, die eigentlich nicht schwer zu merken sind.

Verhalten	Switcher		Zapper		Flipper		Hopper	
	Viel	Wenig	Viel	Wenig	Viel	Wenig	Viel	Wenig
Werbevermeidung	n.s.		+	−	n.s.		n.s.	
Nutzung der Funktionsleiste	−	+	+	−	n.s.		+	−
mehrere Webseiten gleichzeitig	n.s.		−	+	n.s.		n.s.	
gezielte Suche/Abfrage	−	+	+	−	n.s.		n.s.	
zielloses „Surfen"	+	−	n.s.		−	+	n.s.	
Spontaneität (Banner, URLs etc.)	+	−	−	+	n.s.		n.s.	
Anzahl genutzter Bookmarks	−	+	n.s.		n.s.		n.s.	
Anzahl genutzter Suchmaschinen	n.s.		n.s.		n.s.		n.s.	

+ = häufiger; − = seltener; n.s. = keine signifikanten Unterschiede

Tabelle 6.15: Verhaltensübersicht der einzelnen Fernsehnutzergruppen

Die Tabelle 6.15 enthält nur Aussagen zu den Verhaltensweisen, bei denen signifikante Unterschiede nachgewiesen werden konnten. Gerade beim Nutzungsmuster des Hopping gehen dabei einige Informationen verloren, da viele Vergleiche zwischen den beiden Gruppen nur knapp nicht signifikant sind (vgl. Kap. 6.4.4). Dennoch zeigt diese Übersicht deutlich, dass die für die Verhaltensweisen Switching und Zapping gewonnenen Ergebnisse eine stärkere Aussagekraft besitzen als die fürs Flipping oder Hopping.

7 Zusammenfassung und Fazit

Die vorliegende Studie befasst sich mit den Unterschieden und Zusammenhängen zwischen der Nutzung des Fernsehens und des Internets. Im speziellen geht es darum, inwieweit bestimmte Selektionsstrategien aus dem Bereich des Fernsehens, von den Rezipienten auf das World Wide Web übertragen werden. Dieser Frage wurde in den vorangehenden Kapiteln, anhand einer schriftlichen Befragung von Studenten verschiedener Universitäten Deutschlands, nachgegangen. Im folgenden werden noch einmal die wichtigsten Ergebnisse zusammengefasst und vor dem Hintergrund des Forschungskontextes diskutiert.

Vorweg soll jedoch auf den Begriffswirrwarr innerhalb dieser Arbeit eingegangen werden. In der Literatur zur Fernsehnutzungsforschung gibt es eine Vielzahl von Bezeichnungen und Begriffen, mit denen die verschiedensten Formen des Umschaltverhaltens beschrieben werden. Selbst wenn man sich, wie in dieser Arbeit, auf eine kleine Menge von zu untersuchenden Fernsehnutzergruppen beschränkt, führt dies fast unweigerlich zu einem begrifflichen Durcheinander. Dabei ist es gar nicht einmal die Anzahl der verschiedenen Nutzergruppen, sondern die Schwierigkeit, diese Gruppen entsprechend zu bezeichnen. Begriffe wie Switching, Zapping, Flipping oder Hopping lassen sich zwar aus der englischen Sprache herleiten, sind im Endeffekt aber Kunstbegriffe. Wenn man nun diese Gruppen noch weiter unterteilt, dann gibt es entweder die Möglichkeit, neue Kunstbegriffe zu schaffen, oder sich an den bestehenden zu orientieren. Letzteres wurde in dieser Arbeit getan. Dennoch wäre es wünschenswert, wenn man sich in der Literatur auf gewisse Standardbezeichnungen festlegen könnte. Das gilt übrigens auch für die Umschreibung der Nutzergruppen.

Nach diesem Einschub geht es jetzt jedoch um die konkreten Ergebnisse der Untersuchung. Unter Anwendung eines nutzerzentrierten Ansatzes, in dem, aufgrund vorhandener Parallelen in ihren Nutzungsvoraussetzungen und – strukturen, von einer Vergleichbarkeit der beiden Medien Fernsehen und World Wide Web ausgegangen wird, konnte aufgezeigt werden, dass sich das spezifische Nutzungsverhalten der verschiedenen Fernsehnutzertypen auf das WWW überträgt. Dies gilt insbesondere für die angewendeten Selektionsstrategien. Demnach haben Viel-Switcher auch im World Wide Web das Bedürfnis, immer nach neueren, aktuelleren, für sie interessanteren Angeboten zu suchen. Sie handeln im Navigationsprozess spontaner und impulsiver, klicken schon mal einen Link an, von dem sie gar nicht wissen, wohin er eigentlich führt. Ihr „Umschaltverhalten" im WWW ist unsystematisch. Häufig geht es ihnen darum, durch das Netz der Informationen zu „surfen", ohne eine konkrete Zielstellung zu verfolgen. All dies ist ein Abbild ihres Selektionsverhaltens beim Fernsehen. Auch dort schalten sie unsystematisch durch die Programme, in der Hoffnung, etwas interessanteres als das gerade eingeschaltete zu finden.

Ebenso übertragen Viel-Zapper ihre Selektionsstrategie vom Fernsehen auf das WWW. Auf Basis ihrer negativen Grundeinstellung zur Werbung, versuchen sie auch im WWW, diese zu umgehen. Pop-up-Fenster und Werbebanner empfinden sie als störend und lästig. Ihr Selektionsverhalten ist deswegen vorsichtiger als das der Wenig-Zapper. Sie öffnen eher selten mehrere Navigationsfenster gleichzeitig und probieren nicht so oft neue URLs aus, da sie nicht unnötig auf Werbung stoßen wollen. Wenn möglich versuchen sie, den Navigationsprozess so unter ihrer Kontrolle zu haben, so dass sie, wenn nötig, eine Entscheidung schnell wieder rückgängig machen können.

Für die Gruppen der Viel-Flipper und Viel-Hopper können diese Ergebnisse jedoch nicht bestätigt werden. Insbesondere bei den Viel-Flippern lassen sich kaum Unterschiede zu der Gruppe der Wenig-Flipper und erst recht keine Parallelen zu ihrem Selektionsverhalten beim Fernsehen ausmachen. Für die Gruppe der Viel-Hopper kann, durch eine weitläufigere Interpretation der statistischen Kennwerte, zumindest von einer Tendenz dahingehend gesprochen werden, dass sie ihr Selektionsverhalten vom Fernsehen auf das World Wide Web übertragen. So nutzen sie häufiger als Wenig-Hopper die Möglichkeit, verschiedene Angebote gleichzeitig aufzurufen, indem sie mehrere Navigationsfenster öffnen. Gleichzeitig und sozusagen als Konsequenz daraus, gehen sie beim „Surfen" systematisch vor, so dass sie, ebenso wie die Viel-Zapper, den Navigationsprozess unter Kontrolle haben und schnell zwischen den verschiedenen Angeboten hin- und herschalten können. Damit imitieren sie ihr Fernsehnutzungsverhalten, bei dem sie sich zwar keine Sendungen parallel auf dem Bildschirm betrachten können (Ausnahme: Bild-in-Bild-Fernsehen), aber zwischen verschiedenen, parallel ausgestrahlten Sendungen bewusst hin- und herschalten. Da die Ergebnisse für diese Nutzergruppe jedoch statistisch nicht abgesichert werden konnten, sind hier weitere Untersuchungen notwendig.

Unterschiede in der Nutzung von Navigationshilfsmitteln, der zweiten Hypothese der Arbeit, lassen sich nur für die Funktionsleiste des Browsers aufzeigen. Sie wird häufiger von den Gruppen genutzt, die sich systematisch durch das World Wide Web bewegen (Viel-Zapper, Viel-Hopper, Wenig-Switcher). Die meistgenutzte Funktion ist dabei die Vor- und Zurück-Taste. Sie ermöglicht es dem Nutzer, analog zur Programmselektionstaste auf der Fernbedienung des Fernsehers, in bereits aufgerufenen Webseiten zu blättern. Damit kann die Funktionsleiste quasi als Softwarevariante der Fernbedienung angesehen werden.

Ansonsten gibt es keine Zusammenhänge oder Unterschiede zwischen den verschiedenen Fernsehnutzertypen hinsichtlich des Gebrauchs von Navigationshilfsmitteln, weder bei den Suchmaschinen noch bei den Bookmarks. Das könnte bedeuten, dass diese Hilfsmittel für den Navigationsprozess im World Wide Web so elementar sind, dass sie von jedem Nutzer in einer ähnlichen Art und Weise angewendet werden müssen. Für die Nutzung von Suchmaschinen scheint dieses Argument plausibel, da das inhaltliche Angebot im World Wide Web so groß ist, dass es ohne sie nicht zu überblicken ist. Im Sinne der klassischen Medien gibt es zu viele Anbieter. Bezogen auf die Einrichtung von Bookmarks trifft diese Unentbehrlichkeit jedoch nicht zu. Sie führen zwar ebenfalls zu einer Erleichterung des Navigationsprozesses, doch sind sie nicht unbedingt notwendig. So liegt die Vermutung nahe, dass sie von den Nutzern eher aus Gründen der Bequemlichkeit angelegt und genutzt werden. Dies ist weder verwunderlich noch verwerflich. Zumal dann nicht, wenn man bedenkt, dass sich viele Studenten u.a. aus Bequemlichkeit einen Internetanschluss in der eigenen Wohnung zulegen.

Für den dritten Untersuchungsaspekt dieser Arbeit konnten nur sehr wenig Erkenntnisse gewonnen werden. Es zeigt sich zwar der Zusammenhang, dass eine verstärkte Videotextnutzung zu einer verstärkten Suche nach aktuellen Informationen im WWW führt, jedoch kann angezweifelt werden, ob dieser Effekt auf die Medien zurückgeführt werden kann. Ohne weitere Untersuchungsergebnisse, die im Rahmen dieser Studie nicht geliefert werden können, liegt eher die Vermutung nahe, dass sich der tagesaktuell interessierte Nutzer diese Nachrichten in allen Medien, egal ob Print, Hörfunk, Fernsehen oder World Wide Web, gezielt heraussucht oder abruft. Er möchte immer auf dem letzten Stand der Dinge sein.

Soviel zu den konkreten Ergebnissen. Im folgenden werden sie auf ihre Bedeutung vor dem Hintergrund des Forschungskontextes untersucht. Als erstes kann festgestellt werden, dass sich der Adoptionsprozess des Internets längst nicht mehr im Anfangsstadium befindet. Vielmehr steht er kurz vor dem Übergang von der Phase der späten Mehrheit in die Phase der Nachzügler (vgl. Kap. 2.1.1). Natürlich gilt dies nur für die Zielgruppe der Befragung, also Studenten der Kommunikationswissenschaft. Allerdings zeigen die 75% mit einem eigenen Internetanschluss, dass dieses Medium in der Kommunikationsstruktur der jüngeren Generation eine wichtige Funktion einnimmt und nicht mehr wegzudenken ist. Sicherlich gilt das nicht für die Gesamtnutzerschaft. Denkt man jedoch an solche Projekte wie „Schulen ans Netz", dann wird deutlich, .wie stark die Neuen Medien schon heute in der Gesellschaft verankert sind. Dies wiederum hat zur Folge, dass sich die Kommunikationswissenschaft noch intensiver mit dem Thema auseinandersetzen muss. Es wird keine allgemeingültige Theorie geben, die alle Verhaltensweisen der Internetnutzer erklärt. Natürlich gibt es Theorien, die ebenso wie das Selektionsverhalten übernommen werden können. So kann das bewusste Navigieren der Viel-Zapper und Wenig-Switcher, aber auch das zielgerichtete Hin- und Herschalten der Viel-Hopper, gut mit dem Uses and Gratifications Approach erklärt werden, weil die Handlungen zumeist auf rationalen Entscheidungsstrukturen basieren. Gleichzeitig ist es jedoch möglich, gerade das Verhalten der Viel-Zapper mit der Schema-Theorie zu erklären, da sie eventuell schlechte Erfahrungen mit Werbung gemacht haben (langweilige Werbespots etc.).

Gleiches gilt für die in Kapitel 6.2.2 aufgestellte Hypothese, dass WWW-Nutzer eine Art Kosten-Nutzen-Rechnung aufmachen und, nach einer gewissen Anzahl von Fehlversuchen, die Suchabfrage abbrechen oder modifizieren. Sicherlich ist das auch eine rationale Entscheidung, jedoch ist es ebenfalls plausibel anzunehmen, dass diese Strategie auf Erfahrungen beruht, die von den Nutzern bereits gemacht wurden. Somit kann in diesem Fall auch die Schema-Theorie einen sinnvollen Erklärungsansatz liefern. Bewährt hat sich hingegen die Verwendung des nutzerzentrierten Ansatzes als Grundlage für den Vergleich. Die Ergebnisse bestätigen die Annahme, dass ein bestimmtes Selektionsverhalten von einem Medium auf ein anderes übertragen werden kann, wenn sich beide Medien aus Sicht des Nutzers in ihrer Anwendung ähneln.

Damit ist das Ergebnis dieser Studie in einer Kernaussage zusammengefasst. Aufgrund einiger Schwächen im Fragebogen ist es mit dieser Studie jedoch nicht möglich, weiterführende Untersuchungen umzusetzen. Das Nutzungsverhalten des Flipping scheint generell nur schwer mit Hilfe einer Befragung operationalisierbar. An dieser Stelle wäre es wünschenswert, wenn die Studie in Form einer Laborsituation durchgeführt werden könnte. Damit bestünde die Möglichkeit sowohl das Fernseh- als auch das WWW-Nutzungsverhalten auf Video aufzunehmen und anschließend inhaltsanalytisch auszuwerten. Dies hätte den Vorteil, dass alle Navigationshandlungen abgerufen und sichtbar gemacht werden könnten, ohne dass die Versuchsperson eine Selbsteinschätzung ihres Nutzungsverhaltens vornehmen müsste. Mit einer ergänzenden Vor- und Nachbefragung könnte somit eine Mehrmethodenstudie konzipiert werden, die differenziertere Ergebnisse ermöglichen würde.

Auf jeden Fall sollte der Ansatz der Studie weiterverfolgt werden. Dies gilt insbesondere vor dem Hintergrund der voranschreitenden Verschmelzung von Fernsehen und Internet. Das Wissen über die Auswahl- und Nutzungsstrategien der zukünftigen Verbraucher könnte hier entscheidende Impulse für die (Weiter-) Entwicklung der Endgeräte geben.

8 Literatur

Allensbacher Computer- und Telekommunikations-Analyse (ACTA) 1999. Online im Internet. ULR: http://www.wuv.de/data/report/acta (Stand: 26.11.99).

ARD/ZDF-Arbeitsgruppe Multimedia (2001): ARD/ZDF-Online-Studie 2001: Entwicklung der Onlinenutzung in Deutschland: Mehr Routine, weniger Entdeckerfreude In: Media Perspektiven, S. 401-414.

ARD/ZDF-Arbeitsgruppe Multimedia (1999): ARD/ZDF-Online-Studie 1999: Wird Online Alltagsmedium? In: Media Perspektiven, S. 401-414.

Bachiochi, D. / Berstene, M. / Chouinard, E. / Conlan, N. / Danchak, M. / Furey, T. / Neligon, C. / Way, D. (1997): Usability Studies and Designing Navigational Aids for the World Wide Web. Online im Internet. URL: http://decweb.ethz.ch/ WWW6/Technical/Paper180/Paper 180.html (Stand: 19.10.99).

Bachofer, Michael (1998): Wie wirkt Werbung im Web? Blickverhalten, Gedächtnisleistung und Imageveränderung beim Kontakt mit Internet-Anzeigen. Stern-Bibliothek. Hamburg: Gruner und Jahr AG.

Benda, Helmut von (1989): Neue Technologien: Mensch-Computer-Interaktion. In: Hoyos, Carl / Frey, Dieter / Stahlberg, Dagmar (Hrsg.): Angewandte Psychologie. Ein Lehrbuch. München, S. 169-186.

Berghaus, Margot (1994): Multimedia-Zukunft. Herausforderungen für die Medien- und Kommunikationswissenschaft. In: Rundfunk und Fernsehen, 42/3, S. 404-412.

Birbaumer, Niels / Schmidt, Robert F. (1991). Biologische Psychologie. 2. Auflage. Berlin, Heidelberg.

Bortz, Jürgen (1984): Lehrbuch der empirischen Sozialforschung. Für Sozialwissenschaftler. Berlin, Springer.

Bromley, Rebekah V. / Bowles, Dorothy (1995): Impact of internet on use of traditional news media. In: Newspaper Research Journal, 19/2, S. 14-27.

Brosius, Hans-Bernd (1991): Schema-Theorie – ein brauchbarer Ansatz in der Wirkungsforschung? In: Publizistik 36, S. 285-297.

Brosius, Hans-Bernd (1994): Agenda-Setting nach einem Vierteljahrhundert Forschung: Methodischer und theoretischer Stillstand? In: Publizistik, 39/3, S. 269-288.

Burkart, Roland (1995): Kommunikationswissenschaft. 2.Auflage. Wien; Köln; Weimar; Böhlau.

Cantril, Hadley (1973): Die Invasion vom Mars. In: Prokop, Dieter (1973): Massenkommunikationsforschung. Band 2: Konsumtion. Frankfurt am Main.

Cathgart, R. / Gumpert, G. (1983): Mediated interpersonal communication: Toward a new typology. In: Quarterly Journal of Speech, S. 267f.

Catledge, L.D. / Pitkow, J.E. (1995): Characterizing Browsing Strategies in the World Wide Web. In: Proceeding of the Third International World Wide Web Conference, Darmstadt. Online im Internet. URL: http://www.igd.fhg.de/www/www95/ papers/80/userpatterns/UserPaterns. Paer4formatted.html (Stand: 07.06.99).

Coffey, Steve / Stipp, Horst (1997): The interactions between computer and television usage. In: Journal of Advertising Research (37), Nr. 2, S. 61-67.

Cove, J.F. / Walsh, B.C.(1988): Online Text Retrieval via Browsing. In: Information Processing and Management, 24/1, S. 31-37.

Coy, Wolfgang (1997): Bildschirmmedium Internet? Ein Blick in die Turingsche Galaxis. In: Schanze, H / Ludes, P. (Hrsg.): Qualitative Perspektiven des Medienwandels. Opladen/Wies-baden, S. 163-171.

Darschin, Wolfgang / Frank, Bernward (1998): Tendenzen im Zuschauerverhalten. In: Media Perspektiven, S. 154-166.

Dennis, A. / Gallupe, R. (1993): A history of group support systems empirical research: Lessons learned and future directions. In: Jessup, L. M. / Valacich, J. S. (Hrsg.): Group support systems: New perspectives. New York, S. 59-77.

Dobal, Raoul / Werner, Andreas (1997): Das World Wide Web aus funktionaler Sicht. In: Ludes, P./Werner, A. (Hrsg.): Multimedia-Kommunikation. Opladen/Wies-baden, S. 105-122.

Doll, J. / Hasebrink, Uwe. (1989): Zum Einfluss von Einstellungen auf die Auswahl von Fernsehsendungen. In: Groebel, J. / Winterhoff-Spurk, P. (Hrsg.): Empirische Medienpsychologie. München, S. 45-63.

Donsbach, Wolfgang (1991): Medienwirkung trotz Selektion. Einflußfaktoren auf die Zuwendung zu Zeitungsinhalten. Köln.

Durlak, Jerome T. (1987): A Typology for Interactive Media. In: Margret L.McLaughlin (Hrsg.): Communication Yearbook 10. Newbury Park, Beverly Hills, London, New Delhi, S. 743-757.

Eichmann, B. (1991). Teleflipper, Wellenreiter und Kanalschwimmer. In: Das Parlament Nr. 17, S. 8.

Festinger, Leon (1957): A Theory of Cognitive Dissonance. Stanford.

Foscht, Thomas (1998): Interaktive Medien in der Kommunikation. Gabler Edition Wissenschaft: Forschungsberichte aus der Grazer Management Werkstatt. Wiesbaden.

Friedrichsen, Mike (1998): Marketing-Kommunikation auf dem Weg ins Internet? In: Rössler, Patrick (Hrsg.): Online-Kommunikation. Opladen/Wiesbaden, S. 207-226.

Gehrau, Volker (1999): Zapping: Werbung als ein Grund für Fernsehzuschauer umzuschalten. In: Friedrichsen, Mike / Jenzowsky, Stefan (Hrsg.) (1999): Fernsehwerbung. Theoretische Analysen und empirische Befunde. Opladen/Wiesbaden, S. 147-166.

Gerbner, George / Gross, Larry / Morgan, Michael / Signorielli, Nancy (1986): Living with Television; The Dynamics of the Cultivation process. In: Bryant, Jennings / Zillmann, Dolf (Hrsg.): Perspectives on Media Effects. New York, London, S. 17-40.

GFK Online Monitor, 2. Welle Sept. 98. Online im Internet. URL: http://www.wuv.de/ data/report/guj_ems (Stand: 07.12.98).

Goertz, Lutz (1995): Wie interaktiv sind Medien. Auf dem Weg zu einer Definition von Interaktivität. In: Rundfunk und Fernsehen, 43/4, S. 477-493.

Groebel, Joe / Winterhoff-Spurk, Peter (1989): Empirische Medienpsychologie. München.

Hagen, Lutz (1998): Online-Nutzung und Nutzung von Massenmedien. Eine Analyse von Substitutions- und Komplementärbeziehungen. In: Rössler, Patrick (Hrsg.): Online-Kommunikation. Opladen/Wiesbaden, S. 105-122.

Hagen, Lutz (1998a): Nutzung von Online-Medien zur politischen Information. Einführung und Überblick. In: Hagen, Lutz (Hrsg.): Online-Medien als Quellen politischer Information. Opladen/Wiesbaden, S. 7-20.

Hasebrink, Uwe / Krotz, Friedrich (1993): Wie nutzen Zuschauer das Fernsehen? In: Media Perspektiven, S. 515-527.

Heeter, Carrie / Greenberg, B.S. (1985): Profiling the Zappers. In: Journal of Advertising Research 2/85, S. 15-19.

Heeter, Carrie (1989): Implications of New media Technologies for Conceptualizing Communication. In: Salvaggio, Jerry L. / Bryant, Jennings (Hrsg.): Media Use in the Information Age: Emerging Patterns of Adoption and Consumer Use. Hillsdale, New Jersey, S. 217-235.

Höflich, Joachim R. (1995): Vom dispersen Publikum zu „elekronischen Gemeinschaften". Plädoyer für einen erweiterten kommunikationswissenschaftlichen Blickwinkel. In: Rundfunk und Fernsehen, 43/4, S. 518-537.

Höflich, Joachim R. (1997): Zwischen massenmedialer und technisch vermittelter interpersonaler Kommunikation – der Computer als Hybridmedium und was die Menschen damit machen. In: Beck, Klaus / Vowe, Gerhard (Hrsg.): Computernetze – ein Medium öffentlicher Kommunikation? Berlin, S. 85-104.

Internet User Profile 98, 2. Welle Sept. 98. Online im Internet. URL: http://www.wuv.de /data/report/infratest (Stand: 07.12.98).

Ishii, Kei (1995): Regularien im Internet. Über Strukturen eines Computervermittelten Kommunikationsmediums. Online in Internet. URL: http://ig.cs.tu-berlin.de/DA/ IR/index.html (Stand: 13.03.1996).

Iyengar, Shanto (1993): Wie Fernsehnachrichten die Wähler beeinflussen. Von Themensetzung zur Herausbildung von Bewertungsmaßstäben. In: Wilke, Jürgen (Hrsg.): Öffentliche Meinung. Theorie, Methode, Befunde. Freiburg/München, S. 123-142.

Jäckel, Michael (1995): Interaktion. Soziologische Anmerkungen zu einem Begriff. In: Rundfunk und Fernsehen, 43/4, S. 463-476.

Kagelmann, H. J. / Wenninger, G. (1982): Medienpsychologie. München.

Katz, Elihu / Blumler, Jay G. / Gurevitch, Michael (1974): Ultilization of Mass Communication by the Individual. In: Blumler, Jay G. / Katz, Elihu (Hrsg.) (1974): The Uses of Mass Communications. Current Perspectives on Gratifications Research. Beverly Hills, London, S. 19-32.

Katz, Elihu / Levin, M. L. / Hamilton, H. (1963): Traditions of Research on the Diffusion of Innovation. In: American Sociological Review, 38, S. 164-181.

Kellerer, Ingrid (1993): Interaktive Medien. Eine Annäherung in drei Schritten. (Unveröffentlichte Diplomarbeit am Institut für Journalistik und Kommunikationsforschung Hannover). Zitiert aus: Goertz, Lutz (1995): Wie interaktiv sind Medien. Auf dem Weg zu einer Definition von Interaktivität. In: Rundfunk und Fernsehen, 43/4, S. 477-493.

Klapper, Joseph T. (1960): The Effects of Mass Communication. Glencoe.

Kraus, S. / Davis, D. (1976): The Effects of Mass Communication on Political Behavior. University Park, London.

Kroeber-Riel, Werner / Weinberg, Peter (1996): Konsumentenverhalten. 6. Völlig überarbeitete Auflage. München.

Krotz, Friedrich (1994): Alleinseher im „Fernsehfluß". In: Media Perspektiven, S. 505-516.

Krotz, Friedrich (1995) Elektronisch mediatisierte Kommunikation. Überlegungen zur Konzeption einiger zukünftiger Forschungsfelder der Kommunikationswissenschaft. In: Rundfunk und Fernsehen, 43/4, S. 445-462.

Kunz, Bernhard U. (1995): Medienselektion. Theoretische Beiträge und angewandte Mediaforschung in der Schweiz. Abhandlung zur Erlangung der Doktorwürde der Philosophischen Fakultät I der Universität Zürich. Zürich.

Kyas, Othmar (1994): Internet. Zugang, Utilities, Nutzung. Bergheim.

Lazarsfeld, Paul / Berelson, Bernard / Gaudet, Hazel (1944): The People's Choice. New York.

Maletzke, Gerhard (1972): Psychologie der Massenkommunikation. Theorie und Systematik. Hamburg (Neudruck, zuerst erschienen 1963).

McCombs, Maxwell E. / Shaw, Donald L. (1972): The Agenda-Setting-Function of Mass Media. In: Public Opinion Quarterly, 36, S. 176-187.

McQuail, Denis (1987): Mass Communication Theory. An Introduction. London, Beverly Hills, New Delhi.

Merten, Klaus (1984): Vom Nutzen des „Uses and Gratification Approach". Anmerkungen zu Palmgreen. In: Rundfunk und Fernsehen, 32/2, S. 66-72.

Mikos, Lothar (1994): Fernsehen im Erleben der Zuschauer. Vom lustvollen Umgang mit einem populären Medium. Berlin, München.

Morris, Merrill / Ogan, Christine (1996): The Internet as Mass Medium. Online in Internet. URL: http://www.ascusc.org/jeme/vol1/issue4/morris.html, (Stand: 20.10.98).

Münsterberg, Hugo (1970): The photoplay. A psychological study (2n^d Edition). New York/Dover.

Musch, Jochen (1997): Die Geschichte des Internets: ein historischer Abriß. Online in Internet. URL: http://www.interaktiv.at/inthist.htm, (Stand 05.12.98).

Neumann-Bechstein, Wolfgang (1998): Vermittlungsprobleme zwischen Kommunikationswissenschaft und Praxis. In: Rundfunk und Fernsehen, 46/2-3, S. 360-372.

Niemeyer, Hans-Georg / Czycholl, Jörg Michael (1994): Zapper, Sticker und andere Medientypen. Eine marktpsychologische Studie zum selektiven TV-Verhalten. Stuttgart.

Noelle-Neuman, Elisabeth (1973): Return to the Concept of Powerful Mass Media. In: Studies of Broadcasting, 9, S. 67-112.

Noelle-Neumann, Elisabeth (1994): Wirkung der Massenmedien auf die Meinungsbildung. In: Noelle-Neumann, Elisabeth / Schulz, Winfried / Wilke, Jürgen (1994): Das Fischer Lexikon Publizistik, Massenkommunikation. Aktualisierte, vollständig überarbeitete Neuausgabe. Frankfurt, S. 518-571.

Noelle-Neumann, Elisabeth/Schulz, Winfried/Wilke, Jürgen (1994): Das Fischer Lexikon Publizistik, Massenkommunikation. Aktualisierte, vollständig überarbeitete Neuausgabe. Frankfurt.

Ogan, Christine (1993): Listserver Communication During the Gulf War: What Kind of Medium is the Electronic Bulletin Board. In: Journal of Broadcasting & Electronic Media, 46, S. 177-196.

Ottler, Simon (1998): Zapping. Zum selektiven Umgang mit Fernsehwerbung und dessen Bedeutung für die Vermarktung von Fernsehwerbezeit. Medien Skripten, Band 31. München.

Pfetsch, Barbara (1994): Themenkarrieren und politische Kommunikation. Zum Verhältnis von Politik und Medien bei der Entstehung der politischen Agenda. In: Aus Politik und Zeitgeschichte. Beilage zur Wochenzeitschrift Das Parlament, Nr. B 39, S. 11-20.

Pürer, Heinz (1990): Einführung in die Kommunikationswissenschaft. Systematik, Fragestellungen, Theorieansätze, Forschungstechniken. 4. Auflage.

Rafaeli, Sheizaf (1986): The Electronic Bulletin Board: A Computer driven Mass Medium. In: Computers and Social Sciences, 2, S. 123-146.

Reetze, Jan (1993): Medienwelten. Schein und Wirklichkeit in Bild und Ton. Berlin.

Renckstorf, Karsten (1977): Neue Perspektiven in der Massenkommunikationsforschung. Beiträge zur Begründung eines alternativen Forschungsansatzes. Berlin.

Rice, Ronald E. (1984) The New Media. Communication, Research, and Technology. Beverly Hills, London, New Delhi.

Rogers, Everett M. / Shoemaker, F.F. (1971): Communication of Innovations: A Cross-Cultural Approach. New York.

Ronge, Volker (1984): Massenmedienkonsum und seine Erforschung – eine Polemik gegen „Uses and Gratifications". In: Rundfunk und Fernsehen, 32/2, S. 73-82.

Rössler, Patrick (1998); Wirkungsmodelle: die digitale Herausforderung. Überlegungen zu einer Inventur bestehender Erklärungsansätze der Medienwirkungsforschung. In: Rössler, Patrick (Hrsg.): Online-Kommunikation. Opladen/Wiesbaden, S. 17-46.

Rost, Martin / Schack, Michael (1995): Der Internet-Praktiker. Referenz und Programme. Hannover.

Sander-Beuermann, Wolfgang (1998): Schatzsucher. Die Internet-Suchmaschinen der Zukunft. In: c't – Magazin für Computertechnik, Heft 13, S. 178-184.

Schenk, Michael (1987): Medienwirkungsforschung. Tübingen.

Schmid, Ulrich / Kubicek, Herbert (1994): Von den „alten Medien" lernen. Organisatorischer und institutioneller Gestaltungsbedarf interaktiver Medien. In: Media Perspektiven, S. 401-408.

Schönbach, Klaus (1984): Ein integratives Modell? Anmerkungen zu Palmgreen. In: Rundfunk und Fernsehen, 32/2, S. 63-65.

Schönbach, Klaus (1997): Das hyperaktive Publikum – Essay über eine Illusion. In: Publizistik, 42/3, S. 279-286.

Schulze, G. (1995): Das Medienspiel. In: Müller-Doohm, S. / Neumann-Braun, K. (Hrsg.): Kulturinszenierungen, Frankfurt, S. 363-378. Zitiert nach: Krotz, Friedrich (1995): Elektronisch mediatisierte Kommunikation. In: Rundfunk und Fernsehen, 43/4, S. 445-462.

Severin, W.J. / Tankard, J.W. (1979): Communication Theories. Origins, Methods, Uses. New York.

Shneiderman, B. / Kearsley, G. (1989): Hypertext Hands-On! An Introduction to a New Way of Organisation and Acessing Information. Reading, MA; Addison-Wesley.

Shneidermann, B. (1997): Designing the Users Interface: Strategies for Effective Human-Computer Interaction. 3. Auflage, Reading, MA: Addison-Wesley.

Stipp, H. (1998): Wird der Computer die traditionellen Medien ersetzen? In: Media Perspektiven, S. 76-82.

Taprogge, Ralf (1996): Internet-Nutzung durch Studierende geistes- und sozialwissenschaftlicher Studiengänge in Deutschland. Online in Internet. URL: http://www.uni-muenster.de/Publizistik/MAG3/ifp/taprogg/inhalt.htm (Stand:12.02.99).

Tauscher, L. / Greenberg, S. (1997): How People revisit Web Pages: Empirical Findings and Implications for the Design of History Systems. Online im Internet. URL: http://www. hbuk.co.uk/ap/ijhcs/webusability/tauscher/tauscher.html (05.03.99)

Teichert, Will (1975): Bedürfnisstruktur und Mediennutzung. Fragestellungen und Problematik des „Uses and Gratifications Approach". In: Rundfunk und Fernsehen, 23/1-4, S. 269-283.

van Eimeren, Birgit / Oehmichen, Ekkehard / Schröter, Christian (1997): ARD-Online-Studie 1997: Online-Nutzung in Deutschland. In: Media Perspektiven, S. 548-557.

Wehner, Josef (1997): Medien als Kommunikationspartner. Zur Entstehung elektronischer Schriftlichkeit im Internet. In: Graef, L. / Krajewski, M. (Hrsg.): Soziologie des Internet. Frankfurt a.M./New York, S. 125-149.

Weinreich, Frank (1998): Nutzen- und Belohnungsstrukturen computergestützter Kommunikationsformen. Zur Anwendung des Uses and Gratifications Approach in einem neuen Forschungsfeld. In: Publizistik 43/2, S. 130-142.

Welker, Martin (1999): Online-Nutzung und –Nutzer in Deutschland. Ein Überblick über methodische Anlagen empirischer Forschung. In: Prommer, Elisabeth / Vowe, Gerhard (Hrsg.): Computervermittelte Kommunikation: Öffentlichkeit im Wandel. Konstanz.

Wessells, Michael G. (1990): Kognitive Psychologie. 2. Auflage. München.

Winterhoff-Spurk, Peter. (1989). Medienpsychologie: Themen, Befunde und Perspektiven eines expandierenden Forschungsfeldes. In: Psychologische Rundschau, 40/1, 18-31.

Wirth, Werner / Brecht, Michael (1998): Medial und personal induzierte Selektionsentscheidungen bei der Nutzung des World Wide Web. In: Rössler, Patrick (Hrsg.): Online-Kommunikation. Beiträge zu Nutzung und Wirkung. Opladen/Wiesbaden, S. 147-168.

Wirth, Werner / Brecht, Michael (1999): Selektion und Rezeption im WWW: Eine Typologie. In: Wirth, Werner / Schweiger, Wolfgang (Hrsg.): Selektion im Internet. Empirische Analysen zu einem Schlüsselkonzept. Opladen/Wiesbaden, S. 149-180.

Wirth, Werner / Schweiger, Wolfgang (1999): Selektion neu betrachtet. Auswahlentscheidungen im Internet. In: Wirth, Werner / Schweiger, Wolfgang (Hrsg.): Selektion im Internet. Empirische Analysen zu einem Schlüsselkonzept. Opladen/Wiesbaden, S. 43-74.

Yorke, D.A. / Kitchen, P.J. (1985): Channel flickers and video speeders. In: Journal of advertising research, 2, S. 21-25.

Zillmann, Dolf. / Bryant, Jennings. (1985): Selective Exposure to Communication. New York.

Anhang

Tabellen im Anhang

Fragebogen

Tabelle A1
Soziodemographische Grunddaten der Stichprobe (in %)

Soziodemographie	Gesamt n = 425	Berlin n = 174	Stuttgart n = 118	Münster n = 69	München n = 64
Geschlecht					
Männer	44	48	45	38	36
Frauen	56	52	55	62	64
Alter					
Bis 20 Jahre	16	13	20	22	13
21 – 23 Jahre	41	40	31	50	54
24 – 26 Jahre	25	29	27	17	22
27 – 29 Jahre	13	13	18	7	9
30 Jahre und älter	5	5	4	4	2
Wohnsituation					
allein	32	37	22	22	47
bei den Eltern	17	14	24	13	13
in einer WG	34	34	30	48	25
in einem Wohnheim	8	6	9	13	9
Sonstiges [1]	9	9	15	4	6
Hochschulsemester					
1. – 3. Semester	51	50	56	54	53
4. – 6. Semester	23	25	18	16	24
7. – 9. Semester	20	15	26	22	20
10. und höheres Semester	6	10	-	8	3
Einkommen					
unter 500 DM	33	29	45	27	27
500 DM – 750 DM	33	38	23	41	27
750 DM – 1.000 DM	21	20	19	25	23
1.000 DM – 1.500 DM	10	9	12	4	14
über 1.500 DM	3	4	1	3	9

[1] Der hohe Prozentsatz unter Sonstiges erklärt sich durch diejenigen, die mit ihrem Partner zusammenleben.

Tabelle A2
Mittelwertvergleich - Alter bzw. Hochschulsemester nach Geschlecht

Soziodemographie	Gesamt n = 425	Berlin n = 174	Stuttgart n = 118	Münster n = 69	München n = 64
Altersdurchschnitt					
Männer	24.51**	24.66**	25.25**	23.27	23.65
Frauen	22.80**	23.00**	22.63**	22.81	22.61
Total	23.54**	23.79**	23.81**	22.99	22.98
Hochschulsemester					
Männer	4.81**	5.10	4.77**	4.08	4.70
Frauen	3.93**	4.37	2.57**	4.72	4.27
Total	4.31**	4.72	3.56**	4.48	4.42

** $p \leq .01$ (t-Test)

Tabelle A3
Medienbesitz nach Geschlecht – Mehrfachnennung (in %)

Medienbesitz [1]	Gesamt n = 425	Männer n = 185	Frauen n = 240
Medienbesitz I			
Radio	99	98	99
Fernseher	99	98	100
CD-Spieler	95	96	94
Walkman*	74	69	78
Videorecorder**	69	77	64
Mini-Disc-Spieler*	13	16	10
Medienbesitz II			
PC*	93	96	90
CD-ROM-Laufwerk	89	90	88
Modem**	69	76	64
Scanner**	31	37	25
CD-Brenner***	18	28	11
Zip-Laufwerk**	15	20	11
DVD-Laufwerk*	4	6	2
Medienbesitz III			
Handy	48	52	45
ISDN-Anschluss*	27	32	23
Laptop	16	17	16
MP3-Player***	10	16	6
Organizer	10	11	9
Notebook	8	9	7
Digitalkamera	5	4	6
Pager**	5	8	3

[1] Die Aufteilung in die drei Kategorien entspricht der Aufteilung in Kap. 6.1. Sie wurde zur besseren Darstellung der Ergebnisse gewählt.
*** $p \leq .001$ (chi²-Test); ** $p \leq .01$ (chi²-Test); * $p \leq .05$ (chi²-Test)

Tabelle A4
Möglichkeit des Internetzugangs (in %)

Ort des Internetzugangs	Gesamt n = 425
am Arbeitsplatz/Universität	25
zu Hause	18
beides	57
Total	100

Tabelle A5
Bestand des Internetzugangs (in %)

Internetzugang seit...	Gesamt n = 425
weniger als 1 Jahr	30
1–2 Jahre	30
2–3 Jahre	22
3 Jahre und länger	18
Total	100

Tabelle A6
Motiv zur Internetnutzung nach Ort (in %)

Nutzungsmotive***	Gesamt n = 425	Arbeits- platz/ Uni n = 105	zu Hause n = 76	beides n = 244
für private Zwecke	35	38	46	30
für berufliche Zwecke	6	13	3	4
für private und berufliche Zwecke	59	49	51	66
Total	100	100	100	100

*** $p \leq .001$ (chi^2-Test)

Tabelle A7
Häufigkeit der Internetnutzung nach Ort (in %)

Anzahl der Tage***	Gesamt n = 425	Arbeits- platz/ Uni n = 105	zu Hause n = 76	beides n = 244
1 Tag in der Woche	7	21	7	1
2 Tage in der Woche	19	33	18	14
3 Tage in der Woche	18	20	18	17
4 Tage in der Woche	19	15	20	20
5 Tage in der Woche	17	11	9	21
6 Tage in der Woche	6	-	8	9
7 Tage in der Woche	14	-	20	18
Total	100	100	100	100

*** $p \leq .001$ (chi^2-Test)

Tabelle A8
Anzahl bekannter Suchmaschinen nach Bestand des Internetzugangs (in %)

Bekannte Suchmaschinen***	Gesamt n = 425	weniger als 1 Jahr n = 128	1 – 2 Jahre n = 129	2 – 3 Jahre n = 94	mehr als 3 Jahre n = 74
bis zu 3 Suchmaschinen	21	33	19	17	7
4 – 6 Suchmaschinen	39	47	43	34	24
7 – 9 Suchmaschinen	27	15	30	28	42
10 + Suchmaschinen	13	5	8	21	27
Total	**100**	100	100	100	100

*** $p \leq .001$ (chi^2-Test)

Tabelle A9
Anzahl genutzter Suchmaschinen nach Bestand des Internetzugangs (in %)

Genutzte Suchmaschinen***	Gesamt n = 425	weniger als 1 Jahr n = 128	1 – 2 Jahre n = 129	2 – 3 Jahre n = 94	mehr als 3 Jahre n = 74
bis zu 3 Suchmaschinen	47	63	51	35	24
4 – 6 Suchmaschinen	39	31	38	42	51
7 – 9 Suchmaschinen	11	4	8	20	18
10 + Suchmaschinen	3	2	3	3	7
Total	**100**	100	100	100	100

*** $p \leq .001$ (chi^2-Test)

Tabelle A10
Genutzte Suchmaschinen vs. bekannte Suchmaschinen (in %)

Prozentsatz genutzter Suchmaschinen ***	Gesamt n = 425	bis zu 3 S. n = 88	4 – 6 S. n = 165	7 - 9 S. n = 114	10 und mehr S. n = 58
bis 24%	1	3	1	1	-
26% – 49%	15	5	13	23	17
50% – 74%	37	33	34	44	41
75% - 99%	20	-	26	22	26
100%	27	59	26	10	16
Total	**100**	100	100	100	100

*** $p \leq .001$ (chi^2-Test)

Tabelle A11
Mittelwertvergleich - Internetnutzung nach Geschlecht

Internetnutzung	Gesamt n = 425	Männer n = 185	Frauen n = 240
Tage in der Woche***	3.93	4.37	3.59
Internetzugang seit... [1] ***	2.35	2.64	2.13

[1] Die Skalierung reicht von 1 = „weniger als 1 Jahr" bis 4 = „3 Jahre und länger".
*** $p \leq .001$ (t-Test)

Tabelle A12
Gespeicherte Bookmarks nach Ort des Internetzugangs (in %)

Anzahl der Bookmarks***	Gesamt n = 425	Arbeits- platz/ Uni n = 105	zu Hause n = 76	beides n = 244
habe keine Bookmarks	41	68	43	29
1 – 5 Bookmarks	14	9	21	14
6 – 10 Bookmarks	13	9	11	16
11 – 20 Bookmarks	16	7	12	21
21 – 30 Bookmarks	8	3	5	11
mehr als 30 Bookmarks [1]	8	4	8	9
Total	**100**	100	100	100

[1] Die beiden Kategorien „31 – 50 Bookmarks" und „mehr als 50 Bookmarks" wurden zu der Kategorie „mehr als 30 Bookmarks" zusammengefasst.
*** $p < .001$ (chi2-Test)

Tabelle A13
Genutzte Bookmarks vs. gespeicherte Bookmarks (in %)

Genutzte Bookmarks***	Gesamt n = 249	1 – 5 BM n = 60	6 – 10 BM n = 56	11 – 20 BM n = 67	21 – 30 BM n = 33	mehr als 30 BM [1] n = 33
weniger als $^1/_4$	15	7	18	15	9	27
$^1/_4$	22	12	18	28	18	37
½	35	32	32	30	64	27
¾	16	12	21	24	9	6
alle	12	37	11	3	-	3
Total	**100**	100	100	100	100	100

[1] Die beiden Kategorien „31 – 50 Bookmarks" und „mehr als 50 Bookmarks" wurden zu der Kategorie „mehr als 30 Bookmarks" zusammengefasst.
*** $p \leq .001$ (chi^2-Test)

Tabelle A14
Gespeicherte Bookmarks nach Bestand des Internetzugangs (in %)

Anzahl der Bookmarks**	Gesamt n = 425	weniger als 1 Jahr n = 128	1 – 2 Jahre n = 129	2 – 3 Jahre n = 94	mehr als 3 Jahre n = 74
habe keine Bookmarks	41	55	47	30	24
1 – 5 Bookmarks	14	13	16	15	14
6 – 10 Bookmarks	13	12	12	16	10
11 – 20 Bookmarks	16	12	12	18	24
21 – 30 Bookmarks	8	6	6	8	14
mehr als 30 Bookmarks	8	2	7	13	14
Total	**100**	100	100	100	100

[1] Die beiden Kategorien „31 – 50 Bookmarks" und „mehr als 50 Bookmarks" wurden zu der Kategorie „mehr als 30 Bookmarks" zusammengefasst.
** $p \leq .01$ (chi^2-Test)

Tabelle A15
Startseite nach Ort des Internetzugangs (in %)

Startseite eingestellt***	Gesamt n = 425	Arbeits- platz/ Uni n = 105	zu Hause n = 76	beides n = 244
nein	45	72	43	34
ja	55	28	57	66
Total	100	100	100	100

*** $p \leq .001$ (chi²-Test)

Tabelle A16
Startseite nach Bestand des Internetzugangs (in %)

Anzahl der Bookmarks**	Gesamt n = 425	weniger als 1 Jahr n = 128	1 – 2 Jahre n = 129	2 – 3 Jahre n = 94	mehr als 3 Jahre n = 74
nein	45	55	48	40	31
ja	55	45	52	60	69
Total	100	100	100	100	100

** $p \leq .01$ (chi²-Test)

Tabelle A17
Empfangsart Fernsehen nach Wohnort (in %)

Empfangsart***	Gesamt n = 425	allein n = 135	Eltern n = 70	WG n = 145	Wohnheim n = 35	Sonst. n = 40
Antenne	16	18	9	22	9	10
Kabel	68	69	60	66	74	77
Satellit	16	13	31	12	17	13
Total	100	100	100	100	100	100

*** $p \leq .001$ (chi²-Test)

Tabelle A18
Fernsehnutzung nach Empfangsart (in %)

Fernsehnutzung	Gesamt n = 425	Antenne n = 69	Kabel n = 289	Satellit n = 67
werktags*				
gar nicht	5	10	4	8
bis 1 Stunde	32	38	30	33
1 – 2 Stunden	33	36	33	24
2 – 3 Stunden	22	12	25	22
mehr als 3 Stunden [1]	8	4	8	13
am Wochenende*				
gar nicht	3	4	2	6
bis 1 Stunde	15	28	11	22
1 – 2 Stunden	27	30	27	20
2 – 3 Stunden	33	25	35	33
mehr als 3 Stunden [1]	22	13	25	19

[1] Die Kategorien „3 – 4 Stunden" und „mehr als 4 Stunden" wurden zu der Kategorie „mehr als 3 Stunden" zusammengefasst.
** $p \leq .01$ (chi^2-Test)
* $p \leq .05$ (chi^2-Test)

Tabelle A19
Videotextnutzung nach Geschlecht (in %)

Videotextnutzung***	Gesamt n = 314	Männer n = 141	Frauen n = 173
nie	13	6	19
seltener als 1 mal die Woche	22	16	26
einmal die Woche	11	11	12
mehrmals die Woche	17	18	16
einmal am Tag	15	19	12
mehrmals am Tag	22	30	15
Total	**100**	100	100

[1] Die Kategorien „einmal alle 14 Tage", „einmal im Monat" und „seltener" wurden zu der Kategorie „seltener als einmal die Woche" zusammengefasst.
*** $p \leq .001$ (chi^2-Test)

Tabelle A20
Videotextnutzung nach Fernsehnutzung werktags (in %)

Videotextnutzung**	Gesamt n = 314	gar nicht n = 19	bis 1 Std. n = 95	1 – 2 Std. n = 96	2 –3 Std. n = 75	mehr als 3 Std. n = 29
nie	13	36	15	10	13	3
seltener als 1x die Woche	22	32	26	22	13	14
einmal die Woche	11	11	13	13	9	7
mehrmals die Woche	17	5	17	21	17	10
einmal am Tag	15	-	16	16	15	24
mehrmals am Tag	22	16	13	18	33	42
Total	**100**	100	100	100	100	100

[1] Die Kategorien „einmal alle 14 Tage", „einmal im Monat" und „seltener" wurden zu der Kategorie „seltener als einmal die Woche" zusammengefasst.
** $p \leq .01$ (chi^2-Test)

Tabelle A21
Videotextnutzung nach Fernsehnutzung am Wochenende (in %)

Videotextnutzung*	Gesamt n = 314	gar nicht n = 19	bis 1 Std. n = 95	1 – 2 Std. n = 96	2 –3 Std. n = 75	mehr als 3 Std. n = 29
nie	13	34	18	13	13	8
seltener als 1x die Woche	22	34	33	20	26	8
einmal die Woche	11	8	11	13	9	12
mehrmals die Woche	17	8	18	19	17	16
einmal am Tag	15	8	9	13	17	20
mehrmals am Tag	22	8	11	22	18	36
Total	**100**	100	100	100	100	100

[1] Die Kategorien „einmal alle 14 Tage", „einmal im Monat" und „seltener" wurden zu der Kategorie „seltener als einmal die Woche" zusammengefasst.
* $p \leq .05$ (chi^2-Test)

Tabelle A22
Mittelwertvergleich - Abruf von Themen aus dem Videotext nach Geschlecht

Themen [1]	Gesamt n = 272	Männer n = 132	Frauen n = 140
Politik	.29	.33	.25
Wirtschaft*	.21	.27	.15
Sport***	.50	.64	.38
Kultur	.16	.17	.16
Serviceangebote (Wetter)	.54	.46	.62
Fernsehprogramm	.75	.74	.75
Sonstiges	.07	.06	.07

[1] Die Mittelwerte berechnen sich auf einer dichotomen Skala mit den Ausprägungen 0 = „nutze ich nicht" und 1 „nutze ich".
*** $p \leq .001$ (t-Test)
* $p \leq .05$ (t-Test)

Tabelle A23
Bewertung von Aussagen zur Fernsehnutzung - I (in %)

Bewertung der Aussagen zur Fernsehnutzung [1]	Sobald Werbung im Fernsehen kommt, schalte ich weg n = 399	Ich schalte meinen Fernseher gezielt und geplant ein n = 394	Ich kann ohne Verständnisprobleme mehrere Programme gleichzeitig sehen n = 378	Werbung empfinde ich als störend n = 391
trifft überhaupt nicht zu	5	7	16	3
trifft nicht zu	12	14	15	9
trifft eher nicht zu	12	18	15	13
trifft eher zu	23	22	24	18
trifft zu	25	22	20	24
trifft voll und ganz zu	23	17	10	33
Total	100	100	100	100

[1] Die jeweilige Fallzahl berechnet sich nach der Gesamtfallzahl (n = 425) abzüglich derer, die die jeweilige Aussage mit „weiß nicht" bewertet haben.

Tabelle A23a
Bewertung von Aussagen zur Fernsehnutzung - II (in %)

Bewertung der Aussagen zur Fernsehnutzung [1]	Ich lasse mich durchs Fernsehen einfach nur berieseln n = 363	Ich denke andere Sendungen verpassen zu können n = 368	Ich muss mich zwischen parallel laufenden Sendungen entscheiden n = 370	Ich brauche Abwechslung, darum schalte ich einfach hin und her n = 377	Die Programme sind austauschbar n = 343
trifft überhaupt nicht zu	17	34	14	28	10
trifft nicht zu	20	25	17	24	13
trifft eher nicht zu	22	12	17	16	17
trifft eher zu	27	15	29	19	30
trifft zu	10	10	15	10	21
trifft voll und ganz zu	4	4	8	3	9
Total	100	100	100	100	100

[1] Die jeweilige Fallzahl berechnet sich nach der Gesamtfallzahl (n = 425) abzüglich derer, die die jeweilige Aussage mit „weiß nicht" bewertet haben.

Tabelle A23b
Bewertung von Aussagen zur Fernsehnutzung - III (in %)

Bewertung der Aussagen zur Fernsehnutzung [1]	Ich schalte durch die Programme, um zu sehen was es so alles gibt n = 398	Bei interessanten Sendungen richte ich meinen Tagesablauf danach aus n = 391	Ich informiere mich durch Zeitschriften o.ä. über das Programm n = 377	Ich schalte hin und her bis der Werbeblock beendet ist n = 406
trifft überhaupt nicht zu	5	25	10	5
trifft nicht zu	10	23	8	5
trifft eher nicht zu	8	16	6	7
trifft eher zu	29	22	22	20
trifft zu	28	10	33	30
trifft voll und ganz zu	20	4	21	33
Total	100	100	100	100

[1] Die jeweilige Fallzahl berechnet sich nach der Gesamtfallzahl (n = 425) abzüglich derer, die die jeweilige Aussage mit „weiß nicht" bewertet haben.

Tabelle A24
Mittelwertvergleich – Fernsehnutzungsdauer nach Switching-Typ

Internetnutzung [1]	Gesamt n = 425	Viel-Switcher n = 95	Wenig-Switcher n = 147
werktags***	**1.99**	2.36	1.69
am Wochenende***	**2.61**	2.99	2.24

[1] Die Skalierung reicht von 0 = „gar nicht" bis 4 = „mehr als 3 Stunden.
*** $p \leq .001$ (t-Test)

Tabelle A25
Mittelwertvergleich – Fernsehnutzungsdauer nach Flipping-Typ

Internetnutzung [1]	Gesamt n = 425	Viel-Flipper n = 122	Wenig-Flipper n = 167
werktags***	**1.99**	1.73	2.23
am Wochenende***	**2.61**	2.29	2.86

[1] Die Skalierung reicht von 0 = „gar nicht" bis 4 = „mehr als 3 Stunden.
*** $p \leq .001$ (t-Test)

Tabelle A26
Befragte Hochschulstandorte

Hochschule	Adresse	Ansprech-partner
FU Berlin Institut für Publizistik und Kommunikationswissenschaft	Malteser Str. 74 – 100 12249 Berlin	Martin Wysterski
Universität München Institut für Kommunikationswissenschaft (ZW)	Oettingenstr. 67 80538 München	Dr. Patrick Rössler
Westfälische Wilhelms-Universität Münster Institut für Kommunikationswissenschaft	Bispinghof 9 - 14 48143 Münster	Dr. Armin Scholl
Hochschule für Druck und Medien Studiengang Medienwirtschaft	Nobelstr. 10 70569 Stuttgart	Prof. Friedrichsen

FREIE UNIVERSITÄT BERLIN
Institut für Publizistik- und Kommunikationswissenschaft
Empirische Kommunikations- und Medienforschung
Prof. Dr. Hans-Jürgen Weiß

FU | BERLIN

Malteserstr. 74-100, 12249 Berlin
Tel: 030/7792-517; Fax: 030/7756035

Berlin, 18. Oktober 1999

**Bitte um Ihre Mitwirkung an einer Befragung
von Internetnutzern und Internetnutzerinnen**

Sehr geehrte Damen und Herren,

der Fragebogen, der diesem Schreiben beigefügt ist, wendet sich ausschließlich an Personen, die in der Regel *mindestens einmal pro Woche* das Internet nutzen. Wenn Sie zu diesem Personenkreis zählen, bitte ich Sie freundlich darum, an der Umfrage teilzunehmen.

Sie brauchen dafür etwa 15 Minuten. Natürlich werden Ihre Angaben vollständig anonymisiert. Im Rahmen der Auswertung geht es nur um Durchschnittswerte und Gruppenvergleiche.

Die Umfrage ist Teil einer Examensarbeit im Fach Publizistik- und Kommunikations-wissenschaft an der FU Berlin, die ich betreue. Der Examenskandidat, Herr Wysterski, ist an Zusammenhängen und Unterschieden zwischen der Nutzung des Fernsehens und des Internets interessiert.

Sollten Sie beim Ausfüllen des Fragebogens Probleme haben, wenden Sie sich bitte direkt an Herrn Wysterski (Tel. 030/37 80 11 51). Für allgemeine Fragen zu der Studie von Herrn Wysterski stehe ich Ihnen gerne zur Verfügung (Tel. 030/7792-517).

Mit freundlichen Dank für Ihre Mitwirkung

Prof. Dr. Hans-Jürgen Weiß

P.S.: Bitte beachten Sie die allgemeinen Hinweise zum Ausfüllen des Fragebogens auf der nächsten Seite.

Hinweise zum Ausfüllen des Fragebogens

Bitte beachten Sie bei **Fragen mit vorgegebenen Antwortmöglichkeiten**, daß es **sowohl** Fragen gibt, bei denen **nur eine Antwort** angekreuzt werden darf, **als auch** Fragen, bei denen **mehrere Antworten** erwünscht und erlaubt sind. Letztere sind durch den Hinweis „*Mehrfachnennungen möglich*" im Fragetext gekennzeichnet.

Für die Beantwortung einiger Fragen steht Ihnen folgende **Skala** zur Verfügung. Bei diesen Fragen dürfen Sie **nur ein Feld ankreuzen** (x).

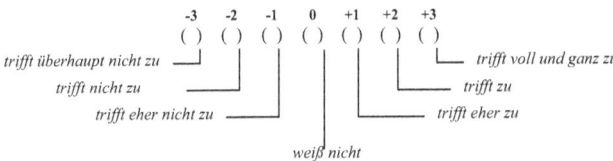

Bei **Fragen ohne vorgegebenen Antwortmöglichkeiten** schreiben Sie Ihre Antwort bitte auf die dafür vorgesehene Linie (_____).

Bitte **beantworten Sie die Fragen in der Reihenfolge**, wie Sie auf dem Fragebogen abgedruckt sind. Gehen Sie Frage für Frage durch, und blättern Sie weder vor noch zurück. Wenn Sie **eine Antwort ändern** möchten, **umkreisen Sie die falsche Antwort und kreuzen Sie die richtige Antwort an**.

Medienbesitz

1   Was würden Sie sagen? Wie sehr sind Sie an technischen Neuerungen bzw. Neuentwicklungen **interessiert**? *(bitte ankreuzen)*
( ) sehr interessiert
( ) interessiert
( ) weniger interessiert
( ) uninteressiert

2   **Bitte geben Sie an, über welche der folgenden technischen Geräte oder Einrichtungen Sie in Ihrem Haushalt verfügen?** *(bitte ankreuzen)*

( ) Fernseher   ( ) Pager   ( ) Zip-Laufwerk
( ) Radio   ( ) ISDN   ( ) Modem
( ) Walkman   ( ) PC   ( ) Digitalkamera
( ) CD-Spieler   ( ) CD-ROM-Laufwerk   ( ) MP3-Player
( ) Mini-Disk-Player   ( ) CD-Brenner   ( ) Organizer
( ) Videorecorder   ( ) DVD-Laufwerk   ( ) Notebook
( ) Handy   ( ) Scanner   ( ) Laptop

Internetnutzung

3   **Wo verfügen Sie über einen Internetzugang?** *(bitte ankreuzen)*
( ) am Arbeitsplatz/Uni   ( ) zu Hause   ( ) sowohl als auch

4   **Seit wann verfügen Sie über einen Internetzugang?** *(bitte ankreuzen)*
( ) weniger als 1 Jahr   ( ) 2-3 Jahre   ( ) 4-5 Jahre
( ) 1-2 Jahre   ( ) 3-4 Jahre   ( ) länger als 5 Jahre

5   **Nutzen Sie das Internet überwiegend für private oder berufliche Zwecke?** *(bitte ankreuzen)*
( ) für private Zwecke
( ) für berufliche Zwecke
( ) zu gleichen Teilen privat und beruflich

6   **An wie vielen Tagen in der Woche nutzen Sie das Internet?** *(bitte Zahlenwert eintragen)*
an ____ Tagen

7   Wie lange sind Sie durchschnittlich pro Internetsitzung online? *(bitte ankreuzen)*
    ( ) weniger als 5 Min.   ( ) 15-30 Min.   ( ) 60-90 Min.
    ( ) 5-10 Min.   ( ) 30-45 Min.   ( ) 90-120 Min.
    ( ) 10-15 Min.   ( ) 45-60 Min.   ( ) länger als 120 Min.

8   Zu welchen Tageszeiten nutzen Sie normalerweise das Internet?
    (bitte ankreuzen; Mehrfachnennungen möglich)

    werktags   **am Wochenende**
    ( ) 5–8 Uhr   ( ) 16-17 Uhr   ( ) 5–8 Uhr   ( ) 16-17 Uhr
    ( ) 8-9 Uhr   ( ) 17-18 Uhr   ( ) 8-9 Uhr   ( ) 17-18 Uhr
    ( ) 9-10 Uhr   ( ) 18-19 Uhr   ( ) 9-10 Uhr   ( ) 18-19 Uhr
    ( ) 10-11 Uhr   ( ) 19-20 Uhr   ( ) 10-11 Uhr   ( ) 19-20 Uhr
    ( ) 11-12 Uhr   ( ) 20-21 Uhr   ( ) 11-12 Uhr   ( ) 20-21 Uhr
    ( ) 12-13 Uhr   ( ) 21-22 Uhr   ( ) 12-13 Uhr   ( ) 21-22 Uhr
    ( ) 13-14 Uhr   ( ) 22-0 Uhr   ( ) 13-14 Uhr   ( ) 22-0 Uhr
    ( ) 14-15 Uhr   ( ) 0-5 Uhr   ( ) 14-15 Uhr   ( ) 0-5 Uhr
    ( ) 15-16 Uhr   ( ) 15-16 Uhr

9   Wofür nutzen Sie das Internet?
    (bitte ankreuzen; Mehrfachnennungen möglich)
    ( ) Abfrage aktueller Nachrichten   ( ) Gezielte Suche nach Verbrauchertips
    ( ) Abfrage von Kleinanzeigen   ( ) Multiuser-Spiele
    ( ) Computerspiele   ( ) Online-Banking
    ( ) Download von Dateien   ( ) Online-Shopping
    ( ) Gesprächsforen, Newsgroups, Chatting ( ) Versenden und Empfangen von Emails
    ( ) Gezielte Abfrage von Informationen   ( ) Zielloses Surfen im WWW

10 Wie viele Bookmarks/Favoriten haben Sie gespeichert? *(bitte ankreuzen)*
    ( ) habe keine Bookmarks ⇒ **weiter mit Frage 12**   ( ) 21-30 Bookmarks/Favoriten
    ( ) 1-5 Bookmarks/Favoriten   ( ) 31-50 Bookmarks/Favoriten
    ( ) 6-10 Bookmarks/Favoriten   ( ) mehr als 50 Bookmarks/Favoriten
    ( ) 11-20 Bookmarks/Favoriten

11 Wie viele von Ihren gespeicherten Bookmarks/Favoriten benutzen Sie regelmäßig?
    (bitte ankreuzen)
    ( ) alle   ( ) ca. ½   ( ) weniger als. ¼
    ( ) ca. ¾   ( ) ca. ¼

12 Haben Sie in Ihrem Browser eine Startseite eingestellt? *(bitte ankreuzen)*
    ( ) ja   ( ) nein ⇒ **weiter mit Frage 14**

13 Ist diese Startseite... *(bitte ankreuzen)*
    ( ) eine Meta-/Suchmaschine
    ( ) eine aus dem WWW geladene Linkliste
    ( ) eine selbst programmierte Linkliste
    ( ) eine aktuelle Nachrichtenseite (z.B. News-Ticker)
    ( ) eine Seite mit für Sie relevanten oder interessanten aktu-
        ellen Information (z.B. brancheninternen Informationen)
    ( ) eine Seite zum Download von Dateien
    ( ) eine Seite mit Online-Spielen
    ( ) eine Seite fürs Online-Banking
    ( ) die Seite Ihrer Firma/ihrer Organisation in der Sie arbeiten
    ( ) eine Seite, die den oben genannten Punkten nicht zugeordnet werden
        kann – Bitte beschreiben Sie diese Seite kurz:
        _____
        _____

14 Gibt es, abgesehen von einer eventuell standardmäßig eingestellten Startseite,
    eine bestimmte Seite, deren URL Sie immer als erste eingeben? *(bitte ankreuzen)*
    ( ) ja   ( ) nein ⇒ **weiter mit Frage 16**

15 Ist diese Seite... *(bitte ankreuzen)*
( ) eine Meta-/Suchmaschine
( ) eine aus dem WWW geladene Linkliste
( ) eine selbst programmierte Linkliste
( ) eine aktuelle Nachrichtenseite (z.b. News-Ticker)
( ) eine Seite mit für Sie relevanten oder interessanten aktuellen Information (z.b. brancheninterne Informationen)
( ) eine Seite zum Download von Dateien
( ) eine Seite mit Online-Spielen
( ) eine Seite fürs Online-Banking
( ) die Seite Ihrer Firma/ihrer Organisation in der Sie arbeiten
( ) eine Seite, die den oben genannten Punkten nicht zugeordnet werden kann – Bitte beschreiben Sie diese Seite kurz:

_____
_____
_____

16 **Welche der folgenden Suchmaschinen oder Web-Kataloge ist Ihnen bekannt bzw. welche haben Sie schon einmal genutzt?** *(bitte ankreuzen; Mehrfachnennungen möglich)*

Bekannt		Schon genutzt	
( ) Altavista	( ) Kolibri	( ) Altavista	( ) Kolibri
( ) Dino	( ) Lycos	( ) Dino	( ) Lycos
( ) Excite	( ) Metacrawler	( ) Excite	( ) Metacrawler
( ) Fireball	( ) Web.de	( ) Fireball	( ) Web.de
( ) Hotbot	( ) Webcrawler	( ) Hotbot	( ) Webcrawler
( ) Infoseek	( ) Yahoo	( ) Infoseek	( ) Yahoo
( ) Sonstige:		( ) Sonstige:	

17 **Wie häufig nutzen Sie die History-Funktion Ihres Browsers?** *(bitte ankreuzen)*
( ) sehr häufig ( ) selten ( ) kenne ich nicht
( ) häufig ( ) nie

18 **Im folgenden habe ich einige Aussagen zum World Wide Web zusammengestellt. Kreuzen Sie bitte bei jeder Aussage an, wie sehr die jeweilige Aussage auf Sie zutrifft.** *(bitte nur ein Kästchen pro Aussage ankreuzen)*

                                                                                                                      -3 -2 -1   0 +1 +2 +3

Im WWW finde ich schnell die Informationen, die ich suche..... ( )( )( )( )( )( )( )
Ich plane vorher nicht was ich mir im WWW anschauen möchte......... ( )( )( )( )( )( )( )
Ich öffne bewußt mehrere Websites gleichzeitig............................. ( )( )( )( )( )( )( )
Ich schalte Java-Script aus, um Pop-Up-Fenster zu umgehen............ ( )( )( )( )( )( )( )
Ich weiß genau, wo ich was im WWW finde............................... ( )( )( )( )( )( )( )
Mit der Funktionsleiste des Browsers (z.B. dem Zurück- oder Vor-Button) mache ich zuvor getroffene Entscheidungen rückgängig......... ( )( )( )( )( )( )( )
Ich nutze lieber Web-Kataloge als Suchmaschinen......................... ( )( )( )( )( )( )( )
Werbung im WWW finde ich lästig... ( )( )( )( )( )( )( )
Das Angebot im WWW finde ich unübersichtlich.......................... ( )( )( )( )( )( )( )
Ich „surfe" gezielt durch das WWW, um Zeit und Geld zu sparen........ ( )( )( )( )( )( )( )
Ich probiere URLs aus, ohne zu wissen, ob sie existieren................. ( )( )( )( )( )( )( )
Manche Links oder Banner verleiten mich geradezu zum „Anklicken" ( )( )( )( )( )( )( )
Im WWW kann ich gezielt nach Informationen suchen.................... ( )( )( )( )( )( )( )
Ich überlege mir gut, ob ich einen Link/Banner „anklicke" oder nicht ( )( )( )( )( )( )( )
Mit der Funktionsleiste des Browsers „surfe" ich systematisch durchs Web.. ( )( )( )( )( )( )( )

19 **Welche Quellen dienen Ihnen zur Information über neue Websites?**
(bitte ankreuzen; Mehrfachnennungen möglich)
( ) Zeitschriften allgemein   ( ) Internet
( ) Computerzeitschriften   ( ) Radio
( ) Zeitungen   ( ) Freunde/Bekannte
( ) Fernsehen   ( ) Sonstiges: _____

Fernsehnutzung

20 Zu welchen Tageszeiten schauen Sie normalerweise fern?
(bitte ankreuzen; Mehrfachnennungen möglich)

werktags		am Wochenende	
( ) 5–8 Uhr	( ) 16-17 Uhr	( ) 5–8 Uhr	( ) 16-17 Uhr
( ) 8-9 Uhr	( ) 17-18 Uhr	( ) 8-9 Uhr	( ) 17-18 Uhr
( ) 9-10 Uhr	( ) 18-19 Uhr	( ) 9-10 Uhr	( ) 18-19 Uhr
( ) 10-11 Uhr	( ) 19-20 Uhr	( ) 10-11 Uhr	( ) 19-20 Uhr
( ) 11-12 Uhr	( ) 20-21 Uhr	( ) 11-12 Uhr	( ) 20-21 Uhr
( ) 12-13 Uhr	( ) 21-22 Uhr	( ) 12-13 Uhr	( ) 21-22 Uhr
( ) 13-14 Uhr	( ) 22-0 Uhr	( ) 13-14 Uhr	( ) 22-0 Uhr
( ) 14-15 Uhr	( ) 0-5 Uhr	( ) 14-15 Uhr	( ) 0-5 Uhr
( ) 15-16 Uhr		( ) 15-16 Uhr	

21 Empfangen Sie Ihre Programme über einen Antennen-, Kabel- oder Satellitenanschluß?
(bitte ankreuzen; Mehrfachnennungen möglich)

( ) Antenne ( ) Kabel ( ) Satellit

22 Wie viele Programme können Sie empfangen? *(bitte Zahlenwert eintragen)*

____ Programme

23 Wie lange schauen Sie pro Tag durchschnittlich fern? *(bitte ankreuzen)*

werktags	am Wochenende
( ) gar nicht	( ) gar nicht
( ) bis 1 Stunde	( ) bis 1 Stunde
( ) 1-2 Stunden	( ) 1-2 Stunden
( ) 2-3 Stunden	( ) 2-3 Stunden
( ) 3-4 Stunden	( ) 3-4 Stunden
( ) mehr als 4 Stunden	( ) mehr als 4 Stunden

24 Im folgenden habe ich einige Aussagen zur Fernsehnutzung zusammengestellt. Kreuzen Sie bitte bei jeder Aussage an, wie sehr die jeweilige Aussage auf Sie zutrifft.
(bitte nur ein Kästchen pro Aussage ankreuzen)

	-3	-2	-1	0	+1	+2	+3
Sobald Werbung im Fernsehen kommt, schalte ich weg.............	( )	( )	( )	( )	( )	( )	( )
Ich schalte meinen Fernseher gezielt und geplant ein.............	( )	( )	( )	( )	( )	( )	( )
Ich kann ohne Verständnisprobleme mehrere Programme gleichzeitig sehen.............	( )	( )	( )	( )	( )	( )	( )
Werbung empfinde ich als störend.............	( )	( )	( )	( )	( )	( )	( )
Ich lasse mich durchs Fernsehen einfach nur berieseln.............	( )	( )	( )	( )	( )	( )	( )
Ich denke, andere Sendungen verpassen zu können.............	( )	( )	( )	( )	( )	( )	( )
Ich brauche Abwechslung, darum schalte ich einfach hin und her.............	( )	( )	( )	( )	( )	( )	( )
Die Programme sind austauschbar.............	( )	( )	( )	( )	( )	( )	( )
Ich informiere mich durch Zeitschriften o.ä. über das Programmangebot	( )	( )	( )	( )	( )	( )	( )
Ich schalte zwischen dem Ursprungsprogramm und anderen Programmen hin und her bis der Werbeblock beendet ist.............	( )	( )	( )	( )	( )	( )	( )
Ich schalte durch die Programme, um zu sehen, was es so alles gibt........	( )	( )	( )	( )	( )	( )	( )
Wenn interessante Sendungen im Fernsehen kommen, richte ich meinen Tagesablauf danach aus.............	( )	( )	( )	( )	( )	( )	( )
Ich muß mich zwischen parallel ausgestrahlten Sendungen entscheiden..	( )	( )	( )	( )	( )	( )	( )

25 Wie häufig nutzen Sie das Videotextangebot eines der Fernsehsender? *(bitte ankreuzen)*

( ) mehrmals am Tag ( ) einmal im Monat
( ) einmal pro Tag ( ) seltener
( ) mehrmals pro Woche ( ) nie ⇒ **weiter mit Frage 28**
( ) einmal pro Woche ( ) habe kein Videotext ⇒ **weiter mit Frage 28**
( ) einmal alle 14 Tage

26 Über welche Themengebiete beziehen Sie Ihre Informationen aus dem Videotext?
   (bitte ankreuzen; Mehrfachnennungen möglich)
   ( ) Politik   ( ) Serviceangebote (Wetter, Verkehr etc.)
   ( ) Wirtschaft   ( ) Fernsehprogramm
   ( ) Sport   ( ) Sonstiges: _____
   ( ) Kultur

27 Jedes Videotextangebot verfügt über ein Inhalts- bzw. Stichwortverzeichnis. Dieses gibt es sowohl für jede einzelne Themenrubrik als auch für das gesamte Videotextangebot des Senders. Wie häufig nutzen Sie diese Inhaltsverzeichnisse? *(bitte ankreuzen)*

   Gesamtverzeichnis   **Verzeichnisse einzelner Themenrubriken**
   ( ) sehr häufig   ( ) sehr häufig
   ( ) häufig   ( ) häufig
   ( ) seltener   ( ) seltener
   ( ) sehr selten   ( ) sehr selten
   ( ) nie   ( ) nie

28 Bitte geben Sie an, ob Sie die folgenden Medien heute häufiger, genauso oft oder seltener nutzen als zu der Zeit, in der Sie noch nicht das WWW nutzen konnten. *(bitte ankreuzen)*

	häufiger	genauso oft	seltener
Fernsehen..	( )	( )	( )
Radio..	( )	( )	( )
Tageszeitungen..	( )	( )	( )
Zeitschriften (allgemein)................................	( )	( )	( )
Fachzeitschriften...	( )	( )	( )
Computer (ohne WWW-Nutzung).....................	( )	( )	( )
Videos..	( )	( )	( )
Videotext...	( )	( )	( )
Telefon...	( )	( )	( )

Statistik

29 **Geschlecht** *(bitte ankreuzen)*
   ( ) männlich   ( ) weiblich

30 **Wie alt sind Sie?** *(bitte Zahlenwert eintragen)*
   _____ Jahre

31 **Wie wohnen Sie?** *(bitte ankreuzen)*
   ( ) allein   ( ) in einer WG   ( ) Sonstiges
   ( ) bei den Eltern   ( ) in einem Wohnheim

32 **Im wievielten Hochschulsemester befinden Sie sich?** *(bitte Zahlenwert eintragen)*
   _____ Hochschulsemester

33 **Wieviel Geld steht Ihnen monatlich nach Abzug aller festen Ausgaben (z.B. Miete, Steuern etc.) zur freien Verfügung?** *(bitte ankreuzen)*
   ( ) unter 500 DM   ( ) 1.000 – 1.500 DM   ( ) über 2.500 DM
   ( ) 500 – 750 DM   ( ) 1.500 – 2.000 DM
   ( ) 750 – 1.000 DM   ( ) 2.000 – 2.500 DM

Vielen Dank für Ihre Zeit und Ihre Mühe!!!

www.ingramcontent.com/pod-product-compliance
Lightning Source LLC
Chambersburg PA
CBHW020128010526
44115CB00008B/1024